The Impact of Women in Politics

ジェンダーと政治参加

Tokuko Ogai

大海篤子

世織書房

まえがき

日本に「市民」が登場してきたのは、一九六〇年代以降のことといわれ、決して古いことではない。したがって、「市民」を対象とした「市民政治学」もまだ新しい学問であり、そこには幾つかの疑問がないわけではない。第一に、そして本書が問うのは日本の「市民」や「市民政治学」に女性は含まれているのであろうかという疑問である。「市民政治学」において女性と政治の関わりはどのように扱われているのであろうか――このような問いかけがこの本にまとめたすべての論文の出発点にある。

一七八九年フランス革命が成功した時、人々は「人および市民の権利宣言」を高らかに謳いあげた。その二年後、オランプ・ドゥ・グージュは「人および市民の権利宣言」には女性が除外されていることを明らかにし、「女性と女性市民の権利宣言」を発表した。

第一条　女性は、自由なものとして生まれ、かつ、権利において男性と平等なものとして生存する。

第三条　全ての主権の淵源は、本質的に国民にあり、国民とは、女性と男性の結合にほかならない。
第六条　すべての女性市民および男性市民は、法律の間に平等であるから、その能力に従った、かつ、その徳行と才能以外の差別なしに、等しく、全ての位階、地位および公職に就くことができる
（辻村・金城、一九九二）。

日本にも「女性市民」は存在しているはずであるが、その姿は見えにくい。本書では、「女性市民」の存在を明らかにするとともに、女性が「女性市民」として出現する背景とその発展を探り、なぜ「女性市民」は見えにくいのかを考えていきたい。本来、「市民」と呼ばれる人々には、「男性」・「女性」の二つに分類することを不可能にする多様で多層な人々が含まれているはずである。女性を定点観測することによって、その多様性の確認作業を展開していく。

The Impact of Women in Politics

ジェンダーと政治参加

●目次

まえがき　i

1　女性は「政治社会」の外から内へ…「結果の平等」に向けて　3

1　女性は「政治社会の外」　3
2　政治参加とは　4
3　女性の生き方の変化と政治参加　7
4　ジェンダーが構築する「目に見えない権力構造」　12
5　機会の平等から結果の平等へ　16
6　女性の政治参加に関する理論的展開　20
7　本書の構成　24

2　女性は国会をめざした…民主改革の星たち——三九人の第一期婦人代議士　27

1 初めての女性の参政権行使 28
2 大量の婦人代議士誕生の理由 30
3 三九人の第一期婦人代議士の属性 36
4 三九人の一年間の活動 44
5 一度しか当選できなかった女性たち 51
6 厳しい生き残り競争を勝ち抜いた女性たち 52
7 民主改革の星たち 61

3 台所からの政治参加……「ものをいう主婦」に――主婦連合会の消費者運動 65

1 分析の概念としてのジェンダー 65
2 主婦連合会 69
3 資源動員論と主婦連合会のリーダー 79
4 費用対効果――主婦が運動に求めたもの 90

5　「ものをいう主婦」は「見える存在」　92

4　生き方を変えた女性たちの議会進出　…　「生活の課題」の政治化――東京・生活者ネットワーク　95

1　地方議会をめざす女性たち　96
2　東京・生活者ネットワークの女性議員　100
3　「活動・専業主婦」の誕生　115
4　「生活の課題」の政治化過程　120
5　活動への関わりと意識の変化　128
6　「生活の課題」から「女性としての課題」へ　145

5　女性0《ゼロ》議会をなくそう　…　「地域活性化」と政治参加――女性模擬議会は「女性政策」　151

1　女性が一人もいない地方議会　151

2 女性模擬議会とは 152
3 女性模擬議会のひろがり 156
4 初の女性議員誕生―女性議会をきっかけに 163
5 初の女性議員誕生を見送る 172
6 女性議会は女性政策 182

6 政治の信頼回復をめざして……「政治は日常のもの」 185
1 女性の政治参加と政治のゆがみ 185
2 女性なら誰でもいいのか 188
3 市民主権と政治参加 193

注 197
引用・参照文献 209

あとがき　219
人名・事項索引　(1)

ジェンダーと政治参加

The Impact of Women in Politics

The Impact of Women in Politics

1　女性は「政治社会」の外から内へ

●「結果の平等」に向けて

1　女性は「政治社会の外」

「婦人ノ政治社会ノ外ニ在ルノ慣例ハ、……是レ蓋シ男女ノ天然区別アルニ因由スルナルベシ」。これは明治一五（一八八二）年に翻訳出版された、ドイツ人ブルンチュリの『政治学』（中根重一訳）の一節である（漢字は新漢字に改めた）(1)。

世界中の女性も日本の女性も、男性とは「天然区別」があるがゆえに「政治社会の外」に長い間おかれてきた。日本ではこのブルンチュリの『政治学』の出版以降、「政治社会の内」に女性が登場するようになるまで六〇年以上を必要としたし、一二〇年以上過ぎた二一世紀になっても政治社会における男女平等にはさまざまな課題がある。

日本では男女平等は、一九四六年一一月三日に公布された日本国憲法によって保障された。憲法に基づいて作られた法律や制度は性別による差別は規定していない。しかし、女性国会議員比率は衆参両院で九・三％（二〇〇四年）、女性地方議会議員比率は七・八％（二〇〇三年）で、先進国の中でもっとも低い。また、政治だけでなく、さまざまな場において男女平等とは程遠い状況がある。たとえば、雇用労働者比率は女性八六・七％、男性八七・七％（平成一五年度『男女共同参画白書』厚労省）と、雇用における男女比率には大きな差はないにも関わらず、女性の賃金は男性の六五・三％（平成一四年、厚労省同前）である。男女の政治的・社会的・経済的格差の原因の一つは、教育によるといわれるが、平成一四年度の高校進学率は女性の方が上回っている。大学進学率は四年制大学への進学率は女性の方が低いものの、短大を加えれば男性をしのぐことになる(2)。教育による能力開発は男性と女性はほぼ同じ、または同等なのに、政治代表に占める女性の比率は非常に低いことや、女性の賃金が男性の七割弱であるなど、日本社会において、男女平等が「結果の平等」として実現しているとはとてもいえない。

本書では、日本の女性の政治参加に焦点をあて、ジェンダーによる視点をもって考えていきたい。

2　政治参加とは

政治参加とは「政治機構、政策決定者の選択、あるいは政策に対して何らかの影響を試みる市民による活動」（Conway, 2000）と広く定義されている。政治参加には、投票、運動、選挙活動に参加する、選挙に立候補する、政策決定者に接触するなどの「制度的合法」な方法と、暴動、テロなど「非制度的不法」な方法があるが、本書では前者の「制度的合法」な政治参加に目を向ける。

では、私たちの生活にとって、どうして、政治参加が必要なのかを考えてみたい。

日々の暮らしが自給自足の営みでは間に合わなくなったとき、暮らしは自然環境や文化環境との相互作用より、経済、政治などの社会環境との関係によって規定されるようになった。安全、水やエネルギー、食料の確保、教育など生きていくうえで必要なものの調達の責任は政治が負うようになり、日々の生活は政治と密接なつながりができ、時代とともにその関係は深まった。一方、政治は人々が生きていくうえでの必要に対応するために、選挙によって選出された代表によってさまざまな制度や法律を設けたり、予算を決定して、人々の要求に応えてきた。政治の責任の根拠は人々の信託にあるとするのが民主主義で、民主主義という制度には政策決定をする代表を選挙で選んだり、政策決定に関して人々が意見を表明したり、何らかの影響を可能にするための活動が保障されていなければならない。したがって政策決定に関わる代表が一方の性に大きく偏って選出されている現状は、その決定にも影響があるだけでなく、民主主義制度そのものの足かせになると考えられる。

日本では、政策決定をする代表は選挙で選ばれている。その意味では民主主義国であることに間違いない。とはいえ、最近の衆議院選挙は投票率が六〇%をようやく超える程度であり、統一地方選挙では都市部においては五〇%を割る地域もあり(3)、選挙による代表の正当性が問われる。また、政策決定に対し多種多様の意見を表明することは保障されてはいるものの、最近の国会においては次々に強行採決が行われ(4)、意見の隔たりを調整していく議会の機能は十分に果たされているとはいえない。政策に何らかの影響を与えようとする活動の担い手たる「市民」は「人間としてのモラルという全体性に根ざして運動し、職業・性・イデオロギーなどにこだわらない」(高畠、一九九八)人々であるが、社会的・経済的に十分に補償されなかったり、まだ「お上にたてつく」イメージがあるために、その広がりが薄いことは否めない。そうなると、日本の政治過程は民主主義といえるのであろうか。

このような政治状況の中で、今なぜ、特に女性の政治参加をここで取り上げなければならないのか。

その理由は、女性の生き方が急速に変化しているために、政治が十分に対応出来ていないからである。さらに、政策を決定する場である国会や地方議会に女性が少ないために、女性の生き方の変化に対応することが重要な政治課題と認識される機会が少なく、対応が遅れるばかりである。だからこそ「政治機構、政策決定者の選択、あるいは政策に対して何らかの影響を試みる市民による活動」(Conway前掲)、すなわち政治参加が女性にとって必要となっている。しかし、これまで日本では女性の政治参加が活発ではなかったとされてきたこと、政治学やジェンダー学などアカデミアが女性の政治参加に目を向けてこなかったことなどの理由で、女性の政治参加の意義を論じたりモデルを提示してこなかった。

本書は、日本の女性の政治参加の事例を歴史的・地域的な広がりをもって紹介し、「女性市民」の姿を明らかにする。

3　女性の生き方の変化と政治参加

政治と女性の生き方の変化とはどこで繋がっているのであろうか。そして、そのような女性の生き方の大きな変化に対して政治はどのような対応をしているのであろうか。

日本の女性の生き方の変化の第一は、平均寿命が急速に伸びたことである。日本の女性の平均寿命は世界一長く、高齢社会の主役は女性である。六五歳以上の約六〇％、八五歳以上の約七〇％が女性である。日本の高齢化が特に際立っているのは、そのスピードが速いことで、高齢化率（総人口に六五歳以上が占める割合）が七％から一四％と倍になったのは、一九七〇年から一九九四年までの二四年間のことであった。アメリカでは高齢化率が同じように七％から一四％になるのに七一年間（一九四二〜二〇一三年）、イギリスでは四七年間（一九二九〜一九七六年）、スウェーデンが八五年（一八八七〜一九七二年）と、日本の二倍から三倍の年月がかかっている。

二〇〇〇年四月から介護保険が施行され、ケアワークは家族だけで担うのではなく、社会全体で支えようと政策の方向づけが変わった。とはいえ、家庭において、ケアワークを担っている在宅の介護者の七六％は女性、さらに、介護保険の仕事としてケア・マネジャー、ヘルパーなどの介護の現場で働いている人も圧倒的に女性である。また、要介護・要支援などケアを必要とする人の約七〇％は女性である。そのように支える側にも、支えられる側にも女性が多いという状況によって、高齢社会の主役は女性といわれる。

現役時代でも男性の賃金の六〇％ほどしか得られない女性の長い老後は、年金給付が引き下げられれば一層厳しくなる。平均寿命が延び、医療費や介護保険の一部負担も制度の見直しのたびに、自己負担率がふえている。寿命が長くなればなるだけ、老後の生活への不安は大きくなる。女性の老後を保障する「女性と年金」は高齢女性だけでなく、すべての年代の女性にとって大きな関心事となっている。二〇〇三年一一月に行われた衆議院選挙では「年金」、特に「女性の年金」に関心が高まった。日ごろはおしゃれ情報や芸能ニュースであふれている女性週刊誌が「年金」を特集すると売れたという。

高齢社会を安全に豊かに生き抜くためには、健康と経済的な保障が必要となる。健康を損ねたときの医療サービスと最低基準の経済保障は政治がしなければならない。高齢者や女性が積極的に政治参加をして意見を表明したり、何らかの行動を起こすことで、自分にとっての安心な医療サービスとしっかりした経済保障を可能にすることが必要なのだ。すなわち女性は政治に参加し、自分の意見を表明して、政策過程に影響を与えていかなければならない。

少子化についても高齢化と同じように、そのスピードが速いところが日本の特徴である。日本の女性が一生に何人の子どもを産むかという合計特殊出生率は一九五〇年には三・六五人であったのが、二〇〇三年には一・二九人と急速に下降している。先進国ではドイツが一・二四、イタリアが一・二六と日本より低いが少子化へのスピードは遅い（厚生労働省「人口動態統計月報年計（概数）の概況」二〇〇一。UN. *Demographic Year Book*, 1996. 参照）。つまり、他の先進諸国に比べ、日本は高齢化と少子化が同時にしかも急速に起きている。

女性の生き方の急速な変化は「少子高齢社会」が実現したことと同時に、家族の急速な変化と深く関係している。家族構成はまだ夫婦と子どもの核家族が主ではあるが、単身世帯が増えている(5)。

かつて女性にとって結婚は「永久就職」といわれたが、いまや結婚は女性にとって人生の大きな目標ではなくなった。結婚によって一生が安定するかのように見えた時代は遠くなった。高学歴化によって女性の結婚年齢が高くなったり、結婚しない女性もめずらしくない。世界的に見れば低い率ではあるが、離婚率も上がっている。男女ともに、結婚は一定の年齢になった人が必ずすることでもなくなってきた。また、たとえ結婚しても、男性一人の収入で家族を支えるのは難しくなってきている。男性の職業の安定度も高くない。そして、家庭の経済を背負う男性の収入もリストラや倒産がいつ起きるかわからない時代の中で、女性が結婚によって男性の収入に依存して一生の経済を保障されて生きる専業主婦というライフ・スタイルは消えつつある。

女性も自立した経済生活をめざすようになってきたことも、女性の生き方の急速な変化の一つである。女性は結婚してもパートナーと経済を分担するようになっている。ところが、女性が家庭経済を分担するようになってきているのに、男性はまだまだ仕事中心の生活で、家事やケアワークは分担できない状況にいる。その結果、多くの女性は仕事の責任と家庭の責任の両方を抱え込むことになった。少しずつ整備されてきた女性を支援する社会的な仕組みも、まだまだ女性が職業と家庭を両立させるには十分ではない。たとえ、いろいろな仕組みや制度があっても利用する場合に性差が表れてくる。育児・介護休暇は男女のどちらもとることができるように制度は用意されているが、給与の格差や職場の状況から男性がとることはまれである。多くの場合、女性のほうが子育てやケアワークのために長期に休業したり、あるいは退職する。そのために、「女性」であることだけによって職場で不平等な扱いを受けやすくなる。

また、長期的な介護や育児などの休業制度を用意しているのは大企業が中心で、多くの女性は中小企業で働いていたり、あるいはパート労働者であるために、休業制度の適用を受けにくい職場で働いているのが現実である。ケアワークも男女で分担し、経済的責任も分担するのが一九九九年に制定された男女共同社会参画基本法の理念である。介護は女性がすれば当たり前のことでニュースにもならないが、介護をする男性はメディアが取り上げ、男性が「介護経験を生かして」政策提言を行ったりすると国家議員になるチャンスに繋がっている。

女性の生き方の変化は働き方の変化にも現れる。女性の働き方には、フルタイム、パートタイム、派遣、アルバイト等々あるが、女性の職場進出は増え続け、職種や年齢層も広がっている。しかし、賃金・昇進・昇給の男女差が多くの職場で当たり前に、あるいはもっともらしい理由づけによってまかり通っている。雇用機会均等法ができても女子学生の就職難という状況は相変わらず続いているし、「景気が悪い」ことが女子学生を採用しない理由として正当化されている。結婚後に子育てが一段落して再就職をしようとする女性には、パートやアルバイトなど条件の悪い仕事が圧倒的に多い。

女性の学歴は高くなる傾向にある。女性の高校進学率はほぼ一〇〇%、それより上の専門学校、短期大学、大学への進学率はどんどん高まり、大学院に進学する女性もふえている。しかし、大学や大学院で学んだ専門を生かせる仕事を見つけられる運のいい女性は決して多くはない。女性の多くは、休暇やボーナス、昇給などが男性と同じようには認められない職場で働いているのが実情である。そのような働く環境や条件を少しでも変えようと、個人が企業と向き合って交渉してもなかなかうまく行かない。働く女性の環境・条件を支援する制度を政治が作らなければならないのだが、これまで政治はしばしば利益追求の企業中心に施策を講じ、女性の味方ではなかった。女性が自立した生き方をしようとすれば、納得のいく働き方を望むのは当然で、それを支援をするような政治を求め、政治への参加を意図するのは自然な流れであろう。

これまで述べたように、女性の生き方は急速にかつ大きく変化している。もちろん、このような女性の生き方の変化は男性にも大きな影響を与える。男女ともにライフ・スタイルの変化が大きい時代の中で、女性も男性も安全で、自分らしく、本当の意味で豊かな生活を送りたいと願っている。その願いを実現するために現行の社会制度が支援してくれるなら、目標の達成は容易となる。反対に、自分の目標が現行の社会制度によって支援が受けられない場合、目標の達成には困難が伴う。

たとえば、結婚しても自分らしさの基本である姓を変えたくないと思ったとき、現行の社会制度では、相手が自分の姓になるか、事実婚か、法律的には姓が変わっても職場などで旧姓を使う通称使用という方法しかない。現行制度は、法律的に結婚が認められて、なお夫婦が別の姓が名乗れるようにはなっていない。とはいえ民主主義の原則によれば社会制度はその社会に住んでいる人々が賛否はあれ全員で決めるものであるから、変えることは可能である。だからその原則にしたがって、「選択的夫婦別姓制度」の導入を求めて政治に参加をして、自分の目標を支援する社会制度に修正したり、取りかえたり出来るように影響力を発揮するための活動を行うことができるのだ。場合によっては自分が「選択的夫婦別姓制度」の導入を政策に掲げて国会議員選挙に立候補することも可能である。また、もし「選択的夫婦別姓制度」を訴える候補者がいれば、選挙運動のボランティアやウグイス嬢をやったり、有権者に電話をかけて、候補者の支援、すなわち「選択的夫婦別姓制度」導入を議会で提案してもらうように働くこともできる。自分が立候補したり、選挙活動をすることは政治参加なのである。

このように考えていくと、選挙のレベルの政治参加もさほど大げさなことではない。政治参加は自分の生き方をより自由で、自立したものにするための道具で「日常のもの」であるといえよう。

4 ジェンダーが構築する「目に見えない権力構造」

世界中の国々で一定の時期まで、女性は制度的に「政治社会の外」に置かれた。それは女性が「政治に興味がない」からでも、「政治知識がない」からでもない。むしろ、政治に「興味をもっている」女性は、時代をこえて常にどこの社会にも存在した。確かに政治に興味をもっている女性は数としては多くはないのは事実であろう。しかし、男性でも政治に興味をもっている人は決して多くない。時には政治知識を十分にもって、政治を外側から厳しい批判をした女性は少なくないが、その声は常に権力によって無視されてきた。では、なぜ女性は政治から排除されてきたのであろうか。一九七〇年代以降、第二波フェミニズムといわれる思想がその理由を次のように明らかにしてきた。

歴史は人間を階級や性別、あるいは民族によって分断し、一方を特権化し、他方をマイノリティ化、周辺化し、従属させてきた。性別が人間の分断基準となった場合、特権化する側の能力や資質は問題にならないで、単に分断された一方の性に属するという理由だけで、もう一方を従属化させてきた。一方を特権化し、他方を従属化させる性別概念をジェンダーとよぶ。ジェンダーは生物学的性差であるセックス、性的志向を表すセクシャリティを包摂する広い概念である（舘、一九九八）。さらに、ジェンダーは社会的文化的に構築されると考えられているので、文化や社会が違えば、違う意味内容と違う作用や効力をもつ。また、ジェンダーは歴史的に構築され、長い年月男性の優位、女性の劣位を固定化させてきたので、その序列化はあたかも「天然」のように受け止められる。

そして、優位な立場の男性にとっては、支配することは当然であり、政治という社会を支配する仕組みを独占した。その結果、女性を支配の仕組みの外、すなわち「政治社会の外」に置いたのである。女性を「政治社会の外」へと排除するのは、その社会に複合的に構築された支配・被支配の関係が成立している一つの明確な証である。ジェンダーは女性を「政治社会の外」に位置づけるという社会的な支配関係を作り上げ、さらに家庭の中や私的な関係の中にあっても、男性の優位、女性の劣位を作りだした。家庭や私的な関係にある男女の優劣関係は、経済的な力関係と複雑に絡み合って女性を無力な存在にする。明治民法によって、女性は財産権も市民権もない「無能力者」に貶められ、夫や父親の依存者になることを政治的に制度化された。もちろん、そのような制度化は女性不在のまま決定されている。女性が劣った性であることは、制度化されたことにより強化され、内面化され、維持された。したがって、女性を「政治社会の外」に位置づけることは、ジェンダーによる女性への周辺化、すなわち性差別の制度化の促進と強化を可能にすると同時に、男性を特権化する。しかも、政治的に特権化されることで、男性の権力は増大する。

ジェンダーは性による分断と優劣の位置づけとともに、性別による分業をシステム化した。人間の生きる空間を「公的領域」と「私的領域」に分け、公的領域における政治などの活動は男性が担い、私的領域における家事やケアワークは女性が担うという性別による分業はジェンダーが作りだした社会のシステムとして深く定着している。ここでも、公的領域を担う男性が優位にあり、私的領域を担う女性を劣位に置いた。そのような位置づけは子産み・子育ては私的領域を担う女性の仕事であって、女性であればそのような仕事を「天然」に遂行するものだと受け止められてきた。そして「女らしさ」「男らしさ」が「自然差＝先天的相違」として、男性にも女性にも強要される。「もし男女間の相違が自然的＝先天的であるなら、なぜ、かくも執拗に徴づけがなされるのか疑問が当然生まれる」（コンネル、一九九三）といわれても、ほとんどの男性は優位な立場にいるために疑問には思っていない。

ジェンダーが女性を私的領域に、男性を公的領域にと、その責任範囲を当てはめてきたというものの、公的領域と私的領域の境界を明確にして、性による分業を貫くことは、実際の生活においては難しい。法学者オルセンは、私たちの生活に占める市場の力の大きいことに着目し、人間の活動空間を「公」「私」ではなく「家庭」と「非家庭」とに分けた（Olsen, 1983）。非家庭には市場と政府がある。しかも「非家庭」に属する市場の力は大きい。市場は私的領域とは区別される。もちろん、市場は公的領域ではない。しかし市場はしばしば政治という公的領域の活動と目的を一体化し、「殖産興業」や「経済発展」をめざす。しかも「家庭」「非家庭」「市場」の割合は一定ではなく、国によっても地域によっても、個人の生き方によっても違って見えてくる。このように公的領域・市場・私的領域の三つの領域における人間の関わり方とそれぞれの関係は複雑になっていて、単純に女性＝私的領域、男性＝公的領域と二項対立的に分断できない。むりやり「公私」の二項に分ければ、「市場」の存在を無視することになる。

ところが、市場がその領域に取り込むのにふさわしいとしているのは効率のよい男性労働者のみである。女性は家事労働、子産み、子育て、ケアワークなどを「天然」に引き受けているので、効率の悪い労働者として市場の周辺の存在、あるいは標準ではない非正規労働者として扱う。そして女性が市場で仕事をしても、多くの場合、女性であることだけで、賃金は男性より安く設定される。それでも、市場で仕事をしている女性は増えていて、その場合、女性は市場における「仕事」に加え、「家庭」における家事労働やケアワークの責任を背負い込みながら生きている。しかし、よく考えてみれば、ジェンダーによって、働き方・生き方を規定されるのは女性だけでなく、男性も同じであるのだが、日本人の男性の生活は、市場があたかも公的領域のように内面化されている。その結果、「仕事」至上主義、市場中心に生き、私的領域を女性に任せきって生きている男性が少なくない。

ジェンダーを基盤にした「目に見えない権力構造」は歴史的に構築され、その作用は女性の公的領域からの排除、男性優位、女性劣位、性別分業、労働における性差などの現象を引き起こしてきた。

ジェンダーの作用は、社会の中のさまざまなシステムに潜み、性別に優劣をつけたり、性別によってその責任領域を位置付け、女性を「政治社会の外」に位置づけてきた。ジェンダーの作用はそこにとどまらない。政治からの女性排除の理由として、「政治は汚い。女性には向かない」という「いいがかり」がよく使われる。政治が汚いという人は、もし「きれいな政治」があれば、女性の参入を認めるのであろうか。「汚い政治」が女性に向かないなら、どうして男性には向くのか。そこにもジェンダーの「男らしさ」、「女らしさ」という幻想が「目に見えない権力構造」として働いている。

女性を政治から排除したり、女性の周辺化と男性の政治的特権化はジェンダーが構築した「目に見えない権力構造」の作用であるが、女性をもっぱら政策の受益者・消費の主体として位置づけてきたのも、同じ作用で、どの社会にも見られる普遍的なものとなっている。

5　機会の平等から結果の平等へ

ジェンダーを基盤にして構築された「目に見えない権力構造」とそれが組み込まれた制度は、特権化された側にいる男性にとって都合のいいように決定されている。したがって、よほどの新しい力が出てこない限り変更はない。その新しい力の一つが一九四五年八月一五日の敗戦とともに、連合軍総司令部による非軍事化・民主化であった。その指揮下で、明治以来天皇主権のもとに作られたさまざまな制度は大きな変更をみた。国民主権により政治参加が保障され、選挙制度が大きく変わった。投票権、被選挙権ともに二〇歳以上の男女全員に国民の権利として認められ、政治からの女性排除は制度的に廃止され、政治的機会の平等が達成された。

しかし、一定の年齢以上なら誰もが参加できる制度であるはずの投票権ですら、少なくない人々が今でも排除されている。たとえば、一九九八年の選挙法改正で、やっと保障されるようになった外国に在留する日本人は、長い間日本人でありながら選挙権を行使できなかった。海外在留者が投票できるようになっても、自分の住まいから遠いところにある在外大使館に二回（登録と投票）足を運ばなければならず、運用が煩雑で権利の行使は容易ではない。

また、投票所までの移動に不自由な人への配慮として設置された郵便投票制度にはさまざまな制限があり、結局投票できない人たちがいる。二〇〇二年一一月東京地裁は郵便投票制度における制限を「違憲状態」と認定した。二〇〇三年二月には大阪地裁が「現行制度は、投票の機会の平等を保障した憲法の趣旨に照らして、必ずしも完全なものではなく、対象の拡大などの改善が図られてしかるべきだ」と判断している。事実上、選挙権を奪われている人たちがいる現実はあまり知られていない。

さらに、一票の格差という問題もある。国会議員一人当りの有権者数が違うために、当選に必要な票数に差が生じていることを「一票の格差」という。たとえば、衆議院選挙の小選挙区を見ると、徳島県の一番有権者が少ない選挙区と東京都の一番有権者が多いところでは、一人の候補者が当選するのに必要な票数が二倍以上で、参議院選挙では五倍以上になっている（二〇〇四年九月）。このような状況は、最高裁判所がいうように「一人に一票の原則を破って、一人が二票あるいはそれ以上の投票権を有するのと同じ」（最高裁判所判決、平成一一年一一月三〇日、第三五号）ことになる。「一票の重み」はどのような選挙区割りをするかという選挙制度の問題で、しばしば党利・党略によって左右されるのでなかなか是正されない。

「一票の重み」に関しては法律と政治専門家が高度な議論を展開しているが、一般有権者にしてみれば自分の一票は日本のどこで行使しようと大事な一票である。

女性は、一九四六年四月一〇日、初めての選挙権を行使するとともに、被選挙権は七九人が行使し、そのうちの三九人が初の女性「代議士」になった（2章に詳述）。制度の保障が女性の政治参加の道を開いた歴史的な選挙であった。そのときから六〇年近い歳月が過ぎた。この間に行われた二二回の衆議院議員総選挙を見れば、平均一四人程度の女性しか選出されず、女性の政治参加、国会議員という代表に選出されるという方法においては、機会の平等だけに終わっている（ただし、ここ二回の選挙では三五人、三四人と増えている。三二頁図参照）。

制度としての参加の保障が女性の実質的な政治参加と直接結びついていないことは、日本を含む七カ国の比較によって一九八〇年代にはすでに明らかにされた。「政治における女性の役割が小さいことは……将来少なくとも一部の国において、おそらく我々の対象とするすべての国において、政治課題の中でより大きな地位を占めることになろう」（ヴァーバら、一九八一）と予見している。ヴァーバらは政治参加における多様な男女間格差の存在を示し、その分析は「社会学的、心理学的および文化論的データが必要であろう」と、その後の研究の発展を期待しているが、管見するところ、政治参加における男女格差に注目した発展的な研究は日本では非常に少ない。

ヴァーバらは政治活動において女性の役割が小さい理由として、社会経済的資源の男女間格差に目を向け、教育という資源に注目した。そして、女性の場合、教育が政治参加を直接的に推進していないと結論している。日本においては、一九七〇年代に女性の教育レベルは飛躍的に上がった。また、女性の就業率も予測された以上に伸び、個人所得も増え、男女の社会・経済的機会の格差は小さくなっている。ところが、女性が獲得したさまざまな資源は簡単には政治活動に転化されない（神田ほか、一九九二）。したがって、女性の社会・経済資源が増加すれば、女性の政治への関わりが深まると、単純には結びつけられないのである。女性の政治参加に資源の増加との関係性が見えない理由の一つは、ジェンダーが女性の政治参加を阻む「目に見えない権力構造」を構築し、社会の中に根深く重く存在しているからである。

とはいえ、生活と政治は結びついている。政治が生活の隅々にまで関わるために、現代政治は静的な制度の中に収まらなくなっている。政治は日々の生活の中に浸透し、人々の生活スタイルや選択肢の決定に影響を与えている。政策決定過程に多くの人々の意見が集約できれば、その決定は受容されるが、そうでなければ政治が不安定になる。

一九八五年に制定された雇用機会均等法は女性の働き方が大きく変わったこと、世界的に女性の地位向上が政治課題となり各国が取り組んだことなどの理由で制定された。しかし、女性を周辺労働者として扱ってきた企業は、女性を「均等」に扱うことに抵抗した。結局、出来上がった均等法には働く女性の意見を集約できず女性の働き方を支援する法律としては力が弱く、機会の均等すら十分に保障できないまま、「見直し」の日程まで入れた法律として制定されることになった。

ケアワークの責任の社会化が問題になり、介護保険制度が実施されるようになった。介護保険制度が動きだすと、女性は新しい制度によってケアワークの責任分担が軽減することを知った。公的介護保険や育児・介護の社会化によって、女性の肩からその責任の一部が社会化されて、性別分業というジェンダーによる「見えない権力構造」に楔を打ちはじめたのである。それでもまだケアワークの担い手として「女性」への偏重は、要介護者のジェンダー意識、男女の経済格差やケアワークの価値が低いために支払われる対価の低いこと、など問題が残っている。そのすべてが政治で解決できるわけではないが、政治は解決をうながす力をもっている。

ここであげた雇用機会均等法や介護保険制度などは一例であるが、九〇年代に入って「女性政策」(6)が推進された。ジェンダーによるさまざまな制度的差別が明らかにされ、「女性政策」によってその差別が多少なりとも軽減した意味は大きい(7)。政治による制度の変更はジェンダーによる「見えない権力構造」を揺るがす効果をもち、結果の平等への期待がかかる。そしてその効果は男性より女性の方が認識している。「女性政策」の推進に関わった女性たちは、政治参加により制度を変えることが可能なら、政治参加は「特殊なこと」として避けるものではなく、「必要」として受け止めるべきものと、態度が変った。女性の政治参加はジェンダーによる「目に見えない権力構造」を変革する力となる。

6　女性の政治参加に関する理論的展開

民主主義を基本とする政治制度下では、「政治機構、政策決定者の選択、あるいは政策に対して何らかの影響を試みる市民による活動」(Conway前提)が展開される。政策の受け手に甘んじない人々は、NG

O活動やボランティア活動など実践的な動きによる影響力をもって、「市民」として政治参加をしている。女性の場合には、しばしば「市民」であることと、ジェンダーによる「見に見えない権力構造」の変革をめざすという「女性」であることとの二重の課題をもって政治参加する。つまりグージュが命がけで訴えたように「市民」と「女性市民」は必ずしも同義語とはいえない。しかし、日本ではこれまで女性の政治参加に関しての研究はほとんど行われてこなかった。その理由を考えてみたい。

まず、政治参加を扱う政治学が女性の政治参加の研究をしてこなかったのは、ジェンダーに無関心だったからである。

人間はさまざまな分断基準をつくって、一方を優位に置き、一方を劣位に置く。日本の社会科学は早くから人間を差別する分断線が「階級」にあることに目をつけ、マルクス主義を基盤にした「階級」を分析概念として利用してきた。しかし、ジェンダーが女性を男性より下位に位置づけ、政治的な公的空間から女性を排除してきたという性による分断には、政治学ではほとんど目を向けてこなかった。社会科学だけでなく学問がジェンダーを分析概念と見なされない大きな理由は、女性研究者が少ないことだ。たとえば日本政治学会の女性比率は八・一五％である（渡辺、二〇〇三）。無論、女性研究者が少ないことだけがジェンダーへの無関心を産んだのではない。ジェンダーという分析概念を見過ごしてきた理由は、政治学に内在している。

政治学は明治時代に国家学として出発した「政治の現象を解明、批判する学問」（『政治学事典』）である。国家権力や国家体制などの理論化と分析、そして理論の基盤である思想・歴史研究が中心で、特権化されたエリートによる行政とその政策の分析も行う。「政治の現象の解明」といっても、政治から排除されている女性は現象としては現れない。政治からの女性の排除と、政治学からの女性の排除は同調している。政治学という学問の歴史とその本質が必然的に女性を研究対象からはずすことを「天然」としてきた。そして女性の政治への参入が禁止されていたり、女性が「政治社会の内」に非常に少ないために、研究対象にならないことは大きな問題ではないと見過ごされてきた。つまり、政治学が女性の政治参加についての研究を行ってこなかったのは、女性の政治参加の意義が小さいからではなく、研究する側のジェンダーに起因している。

政治学は「科学」として存立するために、「予測可能な規則性を見出し、それが検証可能でなければならない」（エルシュタイン、一九八七）。予測可能な規則性を見出すには定量分析が主たる研究方法になる。政治参加をしている女性の数があまりにも少ないために、定量分析によって規則性を抽出することは難しい(8)。したがって、政治学という科学では女性の政治参加は「無かったこと」になる。このように学問の方法論からもジェンダーは見過ごされてきた。

また、政治学の中心テーマが権力や支配であったところから、「無知で無力」な女性は学問の対象にはならなかったという研究対象による説明も可能である。さらに、政治学は学問の基盤である思想の源泉を、遠くギリシアやロックやルソーといった古典的な理論家に求めている。アリストテレスが「人間は政治的動物である」と述べても、彼の時代にギリシアでは女性は政治に関わらなかったから、彼のいう「人間」には女性は含まれていない。ロックの想定した「市民」は「男性、中産階級、一定の知識のある」者で、

「天然」に女性は排除されている。「価値中立」でなければならない「科学」である政治学は、価値偏重の思想の上に成り立っている。

一方、フェミニズム、あるいはジェンダー学(9)においても女性の政治参加は注目されていない。なぜ女性の政治参加はフェミニズムからも注目をあびなかったのであろうか。その流れは複雑である。第一波フェミニズム時代から政治的平等を求めてきた「リベラル・フェミニズム」は、参政権獲得をめざしたが、女性に参政権が認められても女性差別の解消はできなかった。そのため、「リベラル・フェミニズム」は、第二波フェミニズムからブルジョワ・フェミニズムと批判された。そして、七〇年代からさまざまなフェミニズムが理論化される中で、フェミニズムは政治的実践から後退した（吉沢、一九九三）。

フェミニズムが政治的実践から後退した大きな理由は、フェミニズムの対立である。たとえばフェミニズムの中に、「産む性として保護が必要」とする派と「あくまでも男女は平等」と主張する派との熱い論争があり、対立したまま、政治目標を設定できなかった。また、女性の中の差異、たとえば、主婦と働く女性、異性愛者とゲイ・レズビアン、白人とその他のマイノリティなど、女性の中の多様で多層な差異が明らかにされてくると、「女性」も一枚岩ではなく、「女性」というカテゴリーによって、政治的な力を結集することが不可能となり、女性ということで政治的影響力を形成し、政治参加をうながすコンセンサスができなかった。

日本では、九〇年代半ばになって「体制内フェミニスト」（上野、二〇〇一）といわれるような、女性リーダーが活躍するようになった。彼女たちは学識経験者として審議会に入り、「女性政策」を推進しながら、女性の連帯を促す方法を編みだし、「男女共同参画」を切り拓いた。「男女共同参画」のプログラム内容は機会の平等の保障である。もちろん、機会の平等が先ず保障されなければ結果の平等はない。機会の平等が達成できたとしたら、次には機会の平等をどうやって結果の平等に組替えていくのというテーマに女性たちが実践的に向き合うようになってきた。機会の平等が保障されること、世界中の女性と連帯することでジェンダーによる「見えない権力構造」を揺るがし、女性差別の解消を実効的に進めるために政治の力を使うべきだというコンセンサスとノウハウがようやく女性たちに蓄積されるようになってきた(10)。政治への参加・参画(11)は、フェミニストにとっても、そうでない女性にとっても、女性への差別の解消の可能性をもたらす数少ない道筋としての認識が共有されるようになった。

政策決定過程のジェンダーによる分析は少しずつ著わされているが（大沢編、二〇〇〇：戒能、二〇〇二など）、女性の政治参加についての研究は、地方選挙への参加に関してのみが見られるに止まっている（岩本、二〇〇一：大海、二〇〇三）。

7　本書の構成

本書の構成は以下のようになっている。

第2章では、女性の政治参加と制度との関連を検討する。制度的な女性の政治参加が保障された一九四六年四月一〇日の衆議院議員総選挙で選出された女性たちに注目する。彼女たちの政治への参加過程とその政治的意味を考える。そして、三九人のうちの半数以上が、一九四七年の選挙法改正により、国政の場から退出しなければならなくなり、女性の代表の減少はその後国政の場において継続された。一九四七年の選挙法改正は女性や弱者が政治に参入する機会を阻んだものであり、政治に多様な意見が反映される道を閉ざした。

第3章では、女性の政治活動に注目する。日本では政治運動は、「環境運動」「消費者運動」「平和運動」などとよばれ、あたかも政治的目的をもっていないかのような名前がつけられる。主婦が中心に活動してきた「消費者運動」の典型と思われる主婦連合会を取り上げ、主婦の政治参加を検討する。

第4章では、政治参加という活動から「遠い所にいる」と思われてきた都市の主婦の政治参加について、東京・生活者ネットワークを事例を取り上げる。主婦が組織化・政治化し、地方議会議員として「生活の課題」を政策として提案していく過程を検討する。彼女たちの展開した政治の意味を探りながら、「生活の課題」を政治化する過程において、専業主婦から生活者、市民へ、そして「女性市民」へと立場が変わり、その意識も変化することに注目する。

第5章では、地方で開催されている女性議会への参加者を取り上げる。おおむね一九九〇年以降、各地で女性議会という模擬議会が開催され、それをきっかけに女性は政治への関わりを深めている。一般的に地方では選挙にはボス支配が残っていて、立候補などには制約がある。それでも果敢に立候補した女性たちがいる一方、女性議会が開かれただけに終わっている町村もある。地方においては、ジェンダー規範や首長の態度、男性議員との対立など、女性が「女性市民」として発展することを阻む壁が厚い。

第6章では、2章から5章までさまざまな女性の政治参加を定点観測することで政治のゆがみが見えてきたことを確認する。そして、「政治を変える」とはどういうことか、政治学の政治の定義「諸価値の権威的配分」を再定義する。議会制民主主義の発展のためには、女性がここまで切り拓いてきた政治参加を「女性市民」としての「市民主権」の執行であり、一層推進する必要があることを示していく。

一つひとつの章は独立しているが、全体を通して女性の政治参加の現状と問題点あるいは、その参入過程が見えてくるであろう。自分らしく生きるために政治に参加して、政治を「変える」ために頑張っている「女性市民」たちにエールを送りたい。

2 女性は国会をめざした

●民主改革の星たち——三九人の第一期婦人代議士

一九四五年八月一五日、日本はポツダム宣言を受諾し、一五年にわたる戦争の敗戦が決定した。占領統治が開始され、日本の非軍事化・民主化が急がれた。一〇月四日「政治、信教ならびに市民的自由に対する制限の撤廃に関する覚書」が連合軍総司令部から出され、政治活動が自由化されると同時に、全国の警察首脳部が罷免された。それをきっかけに総辞職した東久邇宮稔彦内閣に代わった幣原喜重郎内閣は選挙法の改正を急ぎ、①選挙権、被選挙権の年齢引下げ、②婦人に参政権の賦与、③大選挙区制の採用の三点を、一一月一一日の閣議で決定した。

長い女性の運動がようやく実り、女性が「政治社会の内」に加わる権利を得た日になった。

1　初めての女性の参政権行使

終戦の翌年一九四六（昭和二一）年四月一〇日、日本女性が参政権を得て最初の衆議院議員総選挙が施行され、女性は政治的権利を初めて使う機会を得た。この時の第二二回衆議院選挙で「婦人代議士」が三九人誕生した。投票率は平均で七二・八％、女性の投票率は六七・八％（男性は七八・五％）で、女性は政治的権利を有効に生かしたといわれた。立候補者は男女合わせると二、七七〇人で、競争率が五・九倍という空前の高率であった。女性候補者は七九人で、その次の（第二三回）総選挙の八五人よりはやや少ないが、以後の女性候補者が一〇〇人を超えるのは小選挙区制になった一九九六年で、その五〇年後である。戦後第一回、そして女性が初めて「政治社会の内」に加わる機会を得たこの第二二回衆議院選挙において、多くの女性が積極的に国会をめざしたといえよう。

岩手、秋田、山形、茨城、石川、鳥取、宮崎などは、第二三回総選挙以降今日まで、女性が国会議員に選出されていない女性国会議員不毛の地域であるが、第二二回では当選者をだしている。この選挙を、長谷川如是閑が四月一三日の朝日新聞で「単なる好奇心ではなく、女性の隠された力が出てきた」と高く評価したのも当然であろう。以後、二〇〇三年一一月第四三回衆議院議員総選挙までの間に、選挙は二二回施行され、一〇、七〇〇人の衆議院議員が選出されたが、女性は延べ三〇一人で（繰上げ、補選を含む）、二・八％しか選ばれていない。単純平均すると、一回の選挙で一三・七人しか選出されてないのであるから、初めての婦人代議士三九人の当選は快挙であったというべきであろう。

ここでは、女性が参政権を獲得した最初の選挙で国会議員に選出された女性たちが、どのような女性であったか、選挙前の経歴・家族関係、また当選後の政治活動、そして次の選挙以後どうなっていったかなどを検討する。そして、彼女たちが、民主主義の重要な要素である「参加と平等」を可視化した、「民主改革の星」であり、時代によるさまざまな制約を受けながら、被選挙権を生かしたことに注目したい。

戦後政治史や選挙史では、戦前に政治活動が抑圧されてきた共産党や、革新政党の社会党の進出については、獄から自由となった徳田球一や志賀義雄、モスクワ・延安にいた野坂参三の帰国などにまで言及しているが、同じように、戦前の政治活動が認められなかった女性の政治参加については、話が乏しい。女性の候補者数や当選者数が記録されている場合にも、たとえば、その意義についてはまったく記述がない(升味、一九八三、石川、一九八四など)。

女性国会議員についての研究は非常に少ない。その中の一つ、中道実「婦人議員・タレント議員」(中道、一九八〇)は、選挙権を得た女性がどのように国政に挑戦しているかについて検証したものである。しかし、選挙制度が二二回のみ大選挙区制度であったため第二三回衆議院選挙以後の資料を分析しており、第二二回の女性たちについては、立候補者数と当選者数を述べるにとどまっている。

上條末夫による「衆議院総選挙における女性候補者」は第二二回から第三八回までの総選挙で選出された女性たちを数量的に分析している(上條、一九九〇)。上條は「総選挙における女性候補者の数量分析は、労多くして成果が少ないというのが、率直な感想である」と述べている(同前)。さらに、参政権賦与は連合軍総司令部の指令に基づいたもので、国民が生活苦に喘いでいた当時の状況から、民主主義の意味さえわからず、女性参政権を無自覚的に受容した、と批判的である（同前）。しかし以下に明らかにするように、女性は参政権運動を戦前から長い間展開してきたし、政治的権利が保障されたことで、主権者としての明確な意識をもって、立候補し、代議士になっている。

2 大量の婦人代議士誕生の理由

第二二回総選挙で大量に女性が当選したのにはいくつかの理由がある。ここで大量というのは、女性の国政への進出は、二二回の衆議院選挙以降、二〇〇三年の四三回まで二二回行われた衆議院選挙で女性が一回に議員として選出された最高記録であることによる（図参照）。一九四六年四月の選挙における女性の大量進出に関して分析すると、その理由のいくつかは、当時の政治状況や選挙過程から明確に女性に有利に働いたと思われものがある。また、いくつかの理由は、従来ほとんど見過ごされてきたが、多分、女性に有利に働いたと推測できるものがある。以下に第二二回総選挙で、女性が大量に当選した理由を二つに分けて見ていきたい。

まず、従来いわれてきた女性議員の大量当選の明確な理由として、以下の三点があげられる。

第一は「大選挙区制」という制度である。この第二二回衆議院総選挙だけが、戦後日本で行われた選挙で、ただ一度だけ大選挙区制・制限連記で行われた。そのことと女性議員の大量当選とが結びつけられ、女性の議席が多かった最大の理由はこの制度にあると、説明されている。一つの選挙区から選出される議

図　女性議員数の推移

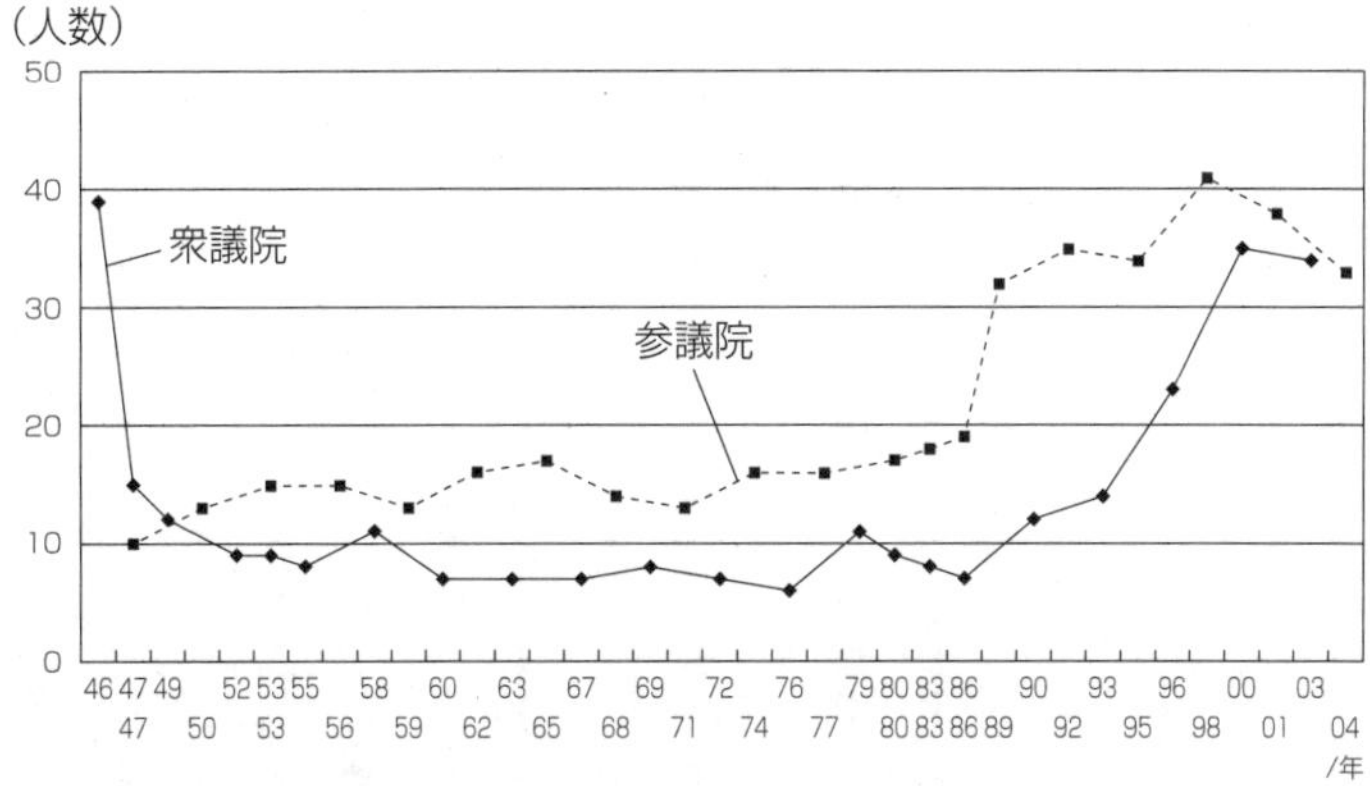

注　年の上段は衆議院議員総選挙の下段は参議院議員通常選挙が行われた年で、各各女性当選者の人数を表している。
出典　総務省自治行政局選挙部管理課「結果調」より。

員の定数が多ければ多いほど、少ない票で選出される可能性がある（三宅、一九八九）。一般に選挙資源の少ない女性は集票力も弱いと考えられるので、少ない票で選出され得る大選挙区制は女性に有利であるといわれている（Darcy &Welch, 1994）。このような研究は三九人の女性の当選について大選挙区制が女性の進出に貢献したという適切な説明になっている。しかも次の第二三回には「大選挙区制」は「中選挙区制」に変更された。提案者である植原悦二郎内相が「婦人候補には〈相当不利〉」（杣、一九八六）と初めから認識していた制度であった。そして選挙結果は、植原の予想通り女性立候補者の獲得票数は激減し、当選者も減った。女性は選挙制度変更の影響を男性以上に受けた。したがって、女性の大量進出は、ただ一度行われた制度と強く関連づけられ、大選挙区制が女性に有利であったということで、三九人という大量当選は一過性の現象と見られてきた。

第二の理由は「戦前の指導者」が公職追放によって、立候補できなかったという候補者不足という理由である。一九四六年一月から始まった公職追放によって、戦前、戦中に議員をしていた多くの男性が追放になり、どの党も人材不足となった(1)。そのため、公職追放された夫の身代わりとして、その妻が急きょ立候補したり、国防婦人会や愛国婦人会で顔が知れていた女性が政党にリクルートされた。

第三は国民の平和への強い意欲の反映である。戦争が終結し、平和になり、新しい民主的な時代が始まったために、女性への期待感があった。それまで、女性の政治活動は抑圧されてきた。「かせ」のとれた今こそ国会に出て女性の力を生かそうと、明確な政治意識をもっていた女性が立候補し、その女性たちを支援したいと思った有権者がいた。平和と女性が簡単に結び付けられ、多くの女性有権者は食糧問題、平和の維持に女性の力が有効であろうと積極的に期待し、男性は「女なら悪いことはしないだろう」と消極的に期待した(2)。

次に、女性に有利に働いたと推測される理由をいくつかあげてみたい。

第一としては日本占領の責任者である連合軍総司令官、ダグラス・マッカーサーの女性支援の意思である。四六年一月の時点で「立候補見送り」(「婦人候補者月旦」「朝日新聞」昭和二一年一月一日)といわれている加藤シヅエは、連合軍総司令部(以下、「GHQ」とする)からの強いすすめで立候補しているし(加藤、一九八一：青木、一九七五)、山下春江は演説のテーマについてもGHQから示唆があったと述べている。公職追放された夫の身代わりで立候補した紅露みつにも、選挙中にGHQからの特別な配慮があった(青木前掲)。これらの事情と、マッカーサーの回想記を照合すると、彼が、女性の地位向上、即ち女性代議士の誕生が民主化に寄与すると考えていたことがわかる。
もう一つ重要な資料がある。一九四六年一〇月四日、マッカーサーは近衛文麿と一時間半にわたって二度目の会談をした。その時憲法改正と議会の解散、そして新しい国会のための選挙法の改正を指示した。選挙法の改正に関しては、

第一、家庭、婦人参政権ヲ認メルコト、
第二、労務、物ヲ生産スル労働者ノ権利ヲ認メルコトテアル、

とマッカーサーは述べて（江藤、一九八二）(3)、国会を変革するために、女性の政治参加に期待している。そして、一〇月一一日に幣原首相との会談で、マッカーサーはいわゆる五大改革の一番に「婦人参政権」をあげ、「女性が参政権を得て政治体系に加わることで、政治は家庭の福祉に直接奉仕するとの新しい観念を日本にもたらす」（マッカーサー、一九六四）とその目的を明らかにした。

この時点では、占領政策の基本方針によるマッカーサーへの正式指令には「婦人参政権や農民解放」という項目は入っていなかった（油井、一九八九）。直近の指令は「現存の政府の政治形態を利用するとしても、これを支持するものではない。封建的および権威主義的傾向の修正のための政治形態の変更は、たとえ、市民的騒擾の危険がある場合でも、占領軍の安全と占領目的に反しない限り許容される」とあり、市民的騒擾を含む「下から」の変革運動を許容しようとする意図をもっていた（同前）。マッカーサーは、このようなアメリカ本国の意図を、「五大改革」という、具体的な項目にして幣原に伝えた。そして、日本の民主化に成功したという明らかな証拠として、女性議員の当選を望んでいたと推測できる（マンチェ

スター、一九八五：マッカーサー前掲）。ニューヨーク・タイムスが四月一二日付で、「この選挙のもっとも顕著な結果」と女性議員の大量当選に喝采を送った。マッカーサーも非常に喜んで当選した女性議員全員に花を贈った（マンチェスター同前）。

マッカーサー個人の意思については、彼の回想記から推測できるにすぎないが、GHQが日本女性の民主化に熱意をもっていたと考えられるのは、若い女性中尉、民間情報局、企画婦人課長エセル・ウィードの活躍である。彼女は日本女性に総選挙の棄権防止を訴えるために、鳥取・島根の二県を除いて全国を飛び回り、女性指導者層に積極的に接し、情報を得、陳情・意見を聞いている。

各地の講演会場では女性国会議員候補者が並び、ウィードが「みなさんの力で代議士を議会に送りだすことも、引きずりおろすこともできる」と語った（「婦人展望」一九七一年五月号）。これはGHQが女性の候補者を支援しているというデモンストレーションになった。当時のGHQのもつ重みを考えると、ウィードの講演を聞いた各地の女性たちが、「女性の候補者を支援しなければならない」と強く思ったとしても不思議ではない。マッカーサーの意思、GHQの支援は女性にとって大きな政治的機会であった。

第二の理由は戦後の窮乏による選挙資金の枯渇である。昭和二一年二月一七日にだされた「金融緊急措置令」で「金融封鎖」があり、新円発行のため旧円預金は封鎖された。買収や供応に使う金もないし、またその道具となる食糧や品物もない状況であった（中村、一九九三）。給与の支払は一カ月五〇〇円まで、預金の払い戻しは所帯主三〇〇円までであった（正村、一九八五）。この時選挙の供託金は衆議院法で二千円であったから、その準備だけでも候補者にとっては大金で、とても買収などをする金はなかったと思われる。どの候補者も一様に貧しく、共に資源をもたなかった。「きわめつきのクリーンな選挙」であったことが証言されているし（青木前掲）、選挙違反は東京地区でたった一件という「明朗ぶり」であった（「朝日新聞」昭和二二年四月一一日朝刊）。日本の選挙では大金が動くのが当たり前のようになっていたが、全国民に金が無かったために、女性候補者も資金が無くても出馬できたのである。これに関しては一人ひとりの選挙費用、政党の援助があったのかなど、検証しなければならないが、状況的には女性進出への妨げが少なく、女性に有利に働き、女性にとって政治的機会が広がったといえよう。

第三としてつけ加えれば、混乱である。マッカーサーも新人や女性の当選が多いことは「混乱のせいか」と記している（マンチェスター前掲）。その混乱とは、女性の選挙権、被選挙権の初の行使と選挙権の拡大である。選挙権の拡大とは、選挙権が男女とも投票年齢が二〇歳以上に決定された。その結果、一九四二年には国民の二〇％にすぎなかった有権者が一挙に全人口の五〇％以上になった（石川、一九七八）。初めての投票のために投票所へ行った多くの有権者も、これまで選挙をしたことがある人も、二名または三名連記という投票制度に、男性は男性にとか、一人は男性、もう一人は女性に投票しなければいけないのではないかと思い違いをした。

新しい経験、新しい制度に対して、当時の情報伝達手段の乏しさがおこした混乱だが、思い違いでなくても「連記制」なので、二人目あるいは、三人目には女性の名前を記載しようという心理が働いたらしい。共産党の高倉テルは、カタカナで立候補したために、女性だと思われた。当選後に現れたのが男性でびっくりした、という冗談のような話が伝えられている（「歴史評論」編集部、一九七九）。

そのような、「思い違い」や「思い込み」も含めて女性候補者は人気があり、女性の当選者三九人中八人が当該選挙区のトップ当選であるし、二位、三位までいれると一九人、三九人のうちの半分が上位当選している。中にはほとんど名前知られていない女性で、かつその後も活躍したとはいえないような女性たちがその中にいるのは、「女性であること」が集票力になったといえよう。

3　三九人の第一期婦人代議士の属性

三九人の女性の女性が大量に国会議員として選出された背景や選挙過程を子細にみていくと、そこに個別にまったく違う国会議員の形成過程とドラマがある。国民の期待も大きかったし、新しい時代が来たことを女性国会議員の活動で知ることが出来る。しかし、女性だからといって一つにくくることはできない。彼女たちをいくつかの属性でパターン化しながらその姿を捉えていきたい（表1参照）。

1　党派

第二二回衆議院選挙で当選した女性議員の党派は、自由党五人、進歩党五人（保守系合計一〇人）、社会党八人、共産党一人、諸派一〇人、無所属一〇人となっている。

一九四五年に政治活動が自由になると、政党も婦人部をつくり、総選挙に向けて適当な候補者を探し、立候補させた。市川房枝は自由党・社会党の両方の党から「適当な人を探して欲しい」と頼まれている

表1　第22回衆議院選挙女性当選者一覧

政　党	選挙区	氏　名	年齢	職業（前職）	学　歴	23回選挙以降
自由党（5人）	東京	竹内　茂代	66	医師	東京女子医専	公職追放
	茨城	杉田　馨子	37	無職	日本女子大	23落（自由）、以後出馬せず
	福井	今井　はつ	46	新聞記者	高等女学校	23落（自由）、以後出馬せず
	京都	富田　ふき	54	医師	東京女子医専	23落（民主）、以後出馬せず
	広島	武田　キヨ	51	元訓導	東京女高師	当（自由）、24回民主落、以後出馬せず
進歩党（5人）	岩手	菅原　エン	47	農業	戸板裁縫師	23落（民主）
	福島	山下　春江	45	会社経営	日本体育専	29回まで、民主・改進・自由連続当選、参議院へ
	新潟	村島　喜代	53	新潟図書館長夫人	津田英学塾	23落（民主）、以後出馬せず
	和歌山	斎藤　てい	41	無職	高等女学校	23落（民主）、以後出馬せず
	福岡	森山　ヨネ	56	高女講師	コロンビア大学	出馬せず
社会党（8人）	東京	山口シヅエ	30	会社員	高等女学校	当選10回（社会）その後自民へ
	東京	加藤シヅエ	50	著述業	NYバラードスクール	23当（社会）、以後参議院へ
	神奈川	松尾　敏子	39	教師	日本女子大	6回連続当選（社会、民社）
	北海道	新妻　イト	57	教師	SFビジネスカレッジ	23落（社会）、以後出馬せず
	福島	榊原　千代	40	自由学園教師	青山学院	23当（社会）、以後出馬せず
	石川	米山　久子	50	教師	高等女学校	23落（社会）、以後出馬せず
	静岡	山崎　道子	47	看護婦	小学校卒	23当（社会）、以後参議院へ
	三重	澤田　ひさ	50	中部婦選同盟	不明	23、24回落（社会）
共産党（1人）	北海道	柄沢とし子	36	タイピスト	高等女学校	23落、24当、25・26落
諸派（10人）						
飢餓同盟	東京	松谷天光光	28	団体役員	早稲田大学	27回まで社会・改進で当、以後無で落

日本婦人	神奈川	吉田　セイ	38	歯科医	広島高等歯科専	23落（国協）、24落（改進）
日本青年	千葉	竹内　歌子	32	都新聞	高女	出馬せず
日本民党	栃木	戸叶　里子	39	英学塾教師	同志社女子専	連続10回当選（社会）
日本平和	長野	安藤　はつ	35	団体役員	教員養成所	23回落（国協）、以後出馬せず
日本平和	大阪	本多　花子	38	無職	小学校卒	23回落（自由）
日向民主	宮崎	大橋　喜美	42	無職	東京女高師	23回落（民主）
新生公民	愛知	越原　はる	63	学校長	不明	出馬せず
中道会	山県	米山　文子	45	訓導	東京女高師	23回落（民主）
民本	大阪	三木喜代子	28	会社経営	大阪女専中退	23回落（自由）、以後出馬せず
無所属（10人）	秋田	和崎　はる	62	新日本婦人同盟	高等女学校	23回落（諸）、以後出馬せず
	群馬	最上　英子	45	代議士夫人	和洋女子学院	23回当（民主）、24回落（民主）以後出馬せず
	新潟	野村　ミス	51	無職	上野家政女高等科	出馬せず
	京都	大石ヨシエ	50	新日本婦人会長	高等女学校	26回まで社会・協同当、27社、28無で落
	京都	木村　チヨ	57	女性文化連盟	高等女学校	23回落（民主）
	兵庫	中山　たま	58	医師	日本医学校	23回落（民主）
	岡山	近藤　鶴代	48	教諭	日本女子大	25回まで当（自由）、26・27落、参議院へ
	鳥取	田中　たつ	55	産婆	産婆学校	23回落（国協）
	徳島	紅露　みつ	54	（前代議士夫人）	高等女学校	23回落（民主）、以後参議院へ
	熊本	山下　ツ子	48	著述業	東京女高師	23回落（社会）

注　職業欄（　）は前職、その他は「朝日新聞」1945年4月11日、参照。

（「歴史評論」前掲）。諸派と無所属の当選が多いことは以後の選挙と大きく違うが、これも戦後の混乱の一つである。

たとえば、諸派が多いのは政治活動の自由が認められ、都市にも、地方にも政治結社ができ、活動が始まっていたからである。終戦後の郵便事情、交通事情の混乱で、中央政党が組織的な集約が出来なかったために諸派が非常に多く、その数三〇〇以上といわれている。諸派として当選した一〇人の女性は、一人一党的な立場で立候補している。

第二二回では無所属からの

立候補が多く、無所属の当選は一〇人だった。それは、候補者がひしめいた結果、公認がとれなかったり、手続きが間に合わなかったなどの理由からである。無所属で当選した一〇人のうち、和崎ハル、山下ツ子（つね）は出身県の「婦選獲得同盟」の役員であった（田中、一九八六：フルーグフェルダー、一九八六）。野村以外の八人は二三回にも立候補し、和崎一人を除いて、全員政党から出馬している。第二二回の選挙で無所属から立候補した女性たちの中には党の公認候補より上位で当選した場合もあり（近藤鶴代、大石ヨシエ）、この選挙では政党の公認は重要ではなかった。しかし、次の第二三回選挙では諸派と無所属の女性たちが、一人を除いて政党から立候補したことからわかるように、政党の公認なしでは戦えなかった。といっても、無論、公認候補であるだけでは当選できなかった（表2参照）。

表2　23回衆議院選挙における女性代議士の選挙結果

政党	当落	人数	氏名
民主党	当	2	山下春、最上
	落	9	富田、菅原、村島、斎藤、大橋、米山文、木村、中山、紅露
自由党	当	2	武田、近藤
	落	4	杉田、今井、本多、三木
国民協同党	当	0	
	落	3	吉田、安藤、田中
社会党	当	8	山口、加藤、松尾、榊原、山崎、松谷、戸叶、大石
	落	4	澤田、新妻、米山久、山下ツ
共産党	落	1	柄沢
諸派	落	1	和崎
立候補せず		5	竹内茂、森山、竹内歌、越原、野村

結果として三九人の女性たちは、第二三回選挙には一二人しか当選できなかった。新人三人が加わり（中山マサ＝自由、成島憲子＝民主、福田昌子＝社会）、女性当選者は合計一五人、半数以上が一年で国会から消えた。

二三回選挙で社会党から出馬した女性の当選率が高いこと

は、この選挙で社会党が勝利し、片山哲内閣が誕生したという政治的背景がある。その片山内閣がわずか一〇カ月で終わり、続く社会党、民主党、国民協同党の連立内閣は七カ月余にして、「昭電疑獄」をきっかけに崩壊した。そして「なれあい解散」後の第二四回選挙では、民主自由党の圧倒的勝利、社会党不人気で苦杯をなめることになり、女性たちも政党政治の波に飲まれて、落選した。

2　得票と議員歴

第二二回に当選した女性たちが何回改選されたかを見ていくと、三九人の政治生命がわかる。三九人の女性たちの半分以上は、ただ一回しか当選できなかった。つまり一生の間に一年間だけ国会議員であった。彼女たちのうち、安定した地盤を得られたのはほんの一握りの女性にすぎなかった。

二二回のみ　五
二三回以後、出馬しても落選　二〇
二三回以後一回は衆・参どちらかに当選　一〇（四人は参院へ）
五五年まで（二七回）落選経験なし　四（松尾、大石、山口、戸叶）

第二三回以降、大選挙区から中選挙区への選挙制度変更にともなって、ほとんどの立候補者が得票を減らしている。女性たちの平均得票数は、二二回には六六、二一〇票であったが、二三回にはわずか一九、四二〇票となった。大選挙区制度から中選挙区制度への移行、という制度的減少の中で、女性は男性に比べて極端に票を減らして落選している。女性で前回より票が増えたのは松谷だけである（七・六％増）。一

二、二三回と両選挙を彼女たちとまったく同じ選挙区で戦った男性と比較すると、男性の一番減った人の得票率は前回との比較で四一・六％で二二回の半分近く得票している。男性の中には増えている人もいる。一方、女性で一番減った人の得票比は前回の得票のわずか四・六％（安藤）とか九・六％（本多）で、一〇％に満たない者もあり、得票数が三千票に届かない女性候補者もいた。女性の候補者の平均得票は前回得票の二四％で、男性の半分ほどである。

3　経歴

三九人の女性はなぜ国会議員なったのか、あるいは、国会議員になることができたのかを考える資料として、選挙の前には何をしていたのか、「朝日新聞」の当選者経歴をまとめてみる。

医師（含む歯科）四人、教師・訓導・校長八人、著述業二人、経営者四人、団体役員五人、会社員一人、産婆一人、農業一人、無職一〇人、記載なし三人、である。

経歴でめだつのは無職で、女性が職業をもつことが少なかった時代状況を反映している。経歴として圧倒的に多いのは教師である。女性の自立の道が少なかった戦前でも、教師になれば経済的独立と知的な満足が得られる可能性が高かった(4)。なかでも東京女高師のような師範学校を卒業すれば、エリートとして尊敬された。当選時に主婦・無職であっても教師経験者は二人、新聞・雑誌記者経験者が四人、あるいは婦選同盟の役員など、何らかの政治的関心を持っていたと思われる人が少なくない。また、〇〇夫人という呼称が経歴として記載されているのには、時代を感じる。

女医が少なかったこの時代に医者が四名いるのは特徴的である。その後の四七年間に女性医師が国会議員になったのは僅かに六人(5)であることからも、この四人は特異であるといわなければならない。

女性特有の経歴として「身代わり候補」がある。夫や兄が前・元国会議員で公職追放となり、急遽出馬したのは無所属の最上、紅露、近藤、諸派の戸叶の四人である。社会党の藤原（山崎）は前衆議院議員の夫がボルネオに行っていて、地盤を守るために出馬したが、選挙戦中に夫が現地妻を連れて帰る、という当時ならではの話がある。この事例も身代わりと考えれば、無所属三、諸派一、社会党一の計五人である。その他に、まだ国会に議席を得たことはないが、政治活動をしていた男性が、今回の選挙は女性の方が有利と判断し、妻や娘を身代わりに立候補させた。妻の例は、杉田と米山文、娘の例は山口である。山口の父は後に参議院議員になっている。松谷も父の影響が強かった。加藤は前述のように、すでに彼女の婦選・産児制限運動などの活動（『朝日新聞』の経歴）によって、その名は内外に知られていたうえに、GHQの強い勧めがあって出馬した。夫婦同時立候補の話題性なども含め、夫の加藤勘十の影響は小さくない。

医者、大学教授、教師、ジャーナリスト、技術者など（経験者も含む）、いわゆる「職業婦人」の数が主婦より多いことも注目すべきであろう。

4 学歴

次に学歴を見ると、不明の二名を除いた三七名中、一九名までが高等教育を受けている。他方で、国会議員に誰でもなれる、民主的な時代がきたのだという証しのように、小学校卒の女性が国会議員として選

表3　第22回衆議院選挙女性当選者学歴

小学校卒	2	本多、藤原
高等女学校、実業高校（中退を含む）	11	
師範学校（高等師範4を含む）	5	武田、大橋、米山、山下ツ、安藤
その他の大学（専門学校）	4	山下、榊原、戸叶、最上
日本女子大	3	杉田、松尾、近藤
津田塾	1	村島
早大	1	松谷
技術系専門学校（裁縫、産婆の専門）	3	菅原、田中、野村
医学校（歯科も含む）	4	竹内茂、富田、吉田、中山
外国留学（コロンビア大1、秘書学校2）	3	森山、加藤、新妻⑥
不明	2	越原、沢田⑦
合　計	39	平均年齢46.7歳

出された(8)。師範学校出身が多いことは経歴と関連している（表3参照）。

このように経歴と学歴からみても三九人のうち、約半分はいわゆるエリートである。技術系専門学校や高等女学校も当時の状況、地域、年齢を考えれば現在の高校卒とは違う。

5　当選時の年齢

当選年齢の平均は四六・七歳で、最高年齢者は竹内茂代の六六歳、越原はるが六一歳と続く。若い方は松谷天光光、三木キヨコの二八歳に山口シヅエの三〇歳が続く。

6　配偶関係

当選後の新聞掲載された略歴や本人の書いたもの、国会議員名簿などから確認できる配偶関係は未婚五、既婚一七、死別二で（いずれも当選時）、残りの一五人に関しては不明である。そのうちの九人は職業に医師・産婆や教師（大学・女学校校長など）と記入があるので、いわゆる「職業婦人」で、独身という可能性はある。残りの六人のうち三人は「無職」であるが、既婚・未婚は不明である。

4　三九人の一年間の活動

これまでに見てきたように、三九人中二五人はたった一年間しか国会議員でいられなかった。そのため、彼女たちが議員として確実な足跡を残すことはほとんど不可能であったといえるが、その短い間に、女性の立場を生かした仕事をした。

1　本会議

一九四六年六月二九日の衆議院本会議で、各派協同提案の「外地同胞引き上げの促進並外地引揚者、復員者救済に関する決議案」（官報では旧字体使用）が上程された。この決議案は、各党派とも女性が賛成意見を述べ、成立した。「朝日新聞」六月三〇日号は、「婦人議員初の登壇」という見出しで、「わが国の議会史上初めて婦人議員が議会政段に上がった。……社会党・米山久、無所属倶楽部・近藤鶴代、新光党（諸派）・安藤はつ、日本民主準備会・田中たつ、日本共産党・柄沢とし子の諸氏が登壇し、ここに、国民として、母として、妻としての切なる思ひが披露された」と書いている。ちなみに、この日の他の議案は追加予算で、そちらには女性は登壇していない。

一〇月まで続いた第九〇回帝国議会で女性議員は、前記決議案のほかには、計一三人が本会議で発言した。先の決議案の五人を加えのべ一八人が国会の場で意見を「披露」したのである。一一月から始まった第九一議会では柄沢(共産党)が、一二月から三月いっぱい続いた第九二議会では五人が発言している。この他に、憲法改正委員会に選ばれた六人の内四人が発言している。三九人の女性のうち二八人が、初めての国会という場で意見表明の機会を獲得し、国会議員の仕事を果たしている。

2 婦人クラブ

三九人の女性代議士が一年間というわずかな期間に政治家として行った仕事の中で、特に二つのことに注目したい。一つは当選まもなくの四月二五日に市川房枝の提案で、超党派の婦人議員クラブを結成し、いくつかの政策を提案したことである。もう一つは六月二〇日に開院した議会が「憲法議会」といわれたように、憲法審議に女性が加わったことである(児玉、一九八五)。

まず、婦人議員クラブについて簡単にまとめる。市川房枝の提唱で初登院二週間後に、女性議員たちは超党派で「婦人議員クラブ」を結成した(菅原、一九九二)。最年長の竹内茂代が議長、最上英子が副議長となり、事務局は婦選会館においた。

活動はすぐに始まり「牛乳問題」や「食糧問題」の決議を、政府と四大政党へ提出することになった。そして、七月二五日の衆議院本会議に、竹内茂代、和崎ハル、松尾トシ、近藤鶴代、戸叶里子と超党派女性議員の連名で「緊急解決をようする乳幼児及び婦人問題の対策に関する建議案」提出した。また、山下ツ子からの「婦人議員休憩室設置要望」も提案をすることになった。女性が国会に登場したという歴史的変化によるこの要望を、市川は、帝国議会以来の革命的な要望（児玉前掲）といっている。

六月二〇日にはそろってマッカーサーに会った。その時は英語のできる加藤シヅエが中心となって、「食糧の放出」を願い出た（加藤前掲）。興味深いエピソードの一つとして、和歌山県選出の斉藤ていは、「青酸カリを懐にしのばせて、マッカーサーが食糧放出に色良い返事をしなかったら、マッカーサーの目の前でのむつもりだった」（「週刊新潮」一九六〇年八月二二日号）と後に語っている。

このように滑りだしは上々であった女性の超党派グループ、「婦人議員クラブ」は、八月二二日に、社会党の女性が突如声明書を発表して脱退し、崩壊した。藤原が自伝で述べているように、非常に保守的な「奥さま」然とした女性と、戦前から組合運動・無産運動などに係わってきた女性とでは、陳情団への対応もまったく違い、妥協点を見だせなかった。「女性だから」ということで一枚岩になれなかったことが婦人クラブの崩壊の原因であった。

3　憲法制定過程

三九人の初の女性代議士の一年間の国会議員としての活動で、もう一つ注目するのは、憲法制定過程へ参加していたことである。一九四六年の選挙によって選出される国会議員が新しい憲法を制定するメンバーであることは、ＧＨＱではかなり重要視していたが、一般的な日本人は二二回選挙の争点を必ずしも

「憲法制定」においてはいなかった。憲法制定過程において次に述べる二つのチャンネルを通して、女性が「男女平等」を保障できるように努力したことが記録に残っている。その一つのチャンネルは、憲法のGHQ草案の作業班の人権に関する委員会のメンバー三人の中に、二二歳のベアテ・シロタという若い女性将校が入っていたことである。

シロタが関わった人権に関する委員会では、憲法一四条「法の下の平等」と二四条「家庭生活における個人の尊厳と両性の平等」を議論の果てに草案に織り込んだ。スーザン・ファーはこの二条をもって、日本版ERA（Equal Rights Amendment）(9)（ファー、一九九二）と呼んでいる。ファーはアメリカでも未だに達成できないでいる「男女平等」が日本国憲法に取り入れられた過程を研究し、日本側の女性リーダーとアメリカ女性が緊密に働いたことを述べている。ファーは、ベアテ・シロタが二四条を起草したこと、前述のエセル・ウィードが女性政策の推進役であったこと、呼応する日本側には加藤シヅエ、田中寿美子、ウィードの通訳を務めた津田英学塾の卒業生などを直接の関係者としてあげている。

シロタは長い間自分が日本の憲法制定過程に深く関わったことは明らかにしなかった。九〇年代に入って、当時の外交資料の公開時期に入ることなどから、「日本の女性の生活を知っている私は、男女平等条項を憲法に入れるために努力した」と語り始めた。一九九五年の国連の世界女性会議（北京）以降、女性の政治活動への関心が高まっており、日本全国を回り講演をしたシロタは、日本の女性を勇気づけた（シロタ、一九九五参照）。

もう一つのチャンネルは、憲法改正委員会七二人のメンバーの中に武田キヨ、森山ヨネ、加藤シヅエ、大橋喜美、越原はる、大石ヨシエら六人の女性国会議員が参加したことである（官報掲載順）。日本国憲法の制定過程は、日本の保守的な政治力とGHQの民主的な力との対立・妥協・協力などが繰り返され、天皇制や憲法九条が議論の中心であった。そのために、社会権や前記の女性の平等保障についての条項は、国民生活にとって、重要であることが見過ごされてきた。憲法の中に女性に関する二つの条文が取り入れられたのは、ファーがいうように米・日女性グループの働きが確かにあった。加えるにこの二つの条文をその思想とともに何とか憲法に盛り込もうと努力した女性国会議員が議論を展開したことによって、憲法に「男女平等」を保障することができた。

特に二四条（審議中は二二条）については、加藤は進歩的女性の立場で、憲法制定によって民法の家長制を廃して、男女平等の道を開くべきである、と詳細にわたって意見を述べ、強く訴えている。保守的な武田キヨは「母性は保護」されるべきものではなく、「尊重されるべきもの」であると意見を述べている（イノウエ、一九九四）。大橋は天皇象徴制と国民感情について、越原は少数会派の立場にあったから国会議員の議会内発言に対しての自由の保障について述べるなど、女性たちは「国民の代表」として、憲法に女性、弱者の意見を反映しようと努力した。マッカーサーは、このように女性国会議員が積極的に働くことを意図して、女性たちの当選を支援したのであろうか。この働きを「婦人参政権が見事に生かされた」（古関、一九八七）と高く評価し、注目する人は未だに少ない。もし、日本国憲法が保守的な日本男性のみによって起草され審議されていたら、GHQの中にも、改革派と保守派の対立があったということからいえば、「男女平等」は憲法に謳われなかったかも知れない。

4　小括

三九人の女性国会議員の業績をこれ以上探すのは大変難しい。彼女たちはこの混乱期に「国会」という女性にとって未経験の分野に足をふみいれた。歴史的に政治経験の欠如が、女性の活動の範囲を限定した。たとえば本会議での発言内容が「国民として、妻・母として」というもので、いわゆる重要議案には関わっていないなど(10)、政治的影響力が大きかったとはいいがたい。しかし、まったくの素人であった女性が、ハンディを乗り越え、新人でありながら、国会で果敢に発言の機会を捉えたことは記憶したい。

戦後改革の重要な議論が続く中では、彼女たちのハンディをハンディとして認める余裕は、政党・政府・同僚国会議員など誰ももっていなかった。むしろ、闘いの場となった一年後の選挙では「女性であること」は、激しい攻撃にさらされる結果となった。初めて国会という政治の場に進出した未熟な女性たちを指導したり、女性の立場にからの政策提言をまとめて社会にアピールしたりする能力をもったリーダーが三九人の中にいたら、女性の政治進出にとって最大の政治的機会であったこの選挙結果を、もっと有効に女性の政治的発展に繋げることができたかも知れない。

女性たちは政治知識・技術のハンディに加え、あらゆる妨害を乗り越えなければならなかった。まず、女性を中傷することは党派をこえてあり、「常に緊張していた」と、日大政治学科に三七歳になってから入学し、五年かけて卒業した松尾が語っている。選挙中に夫がボルネオ現地妻と日本に戻ってきて、当選の日に離婚を決意した山崎（藤原）道子は、議会という公の場の発言にも、「そんなことといってるから男に捨てられるんだ」というひどいヤジがとんだ（藤原、一九七二）。セクハラが国会内を横行していたことは、ほとんどすべての女性議員が何かの折に証言している。

政党も、女性が大量に国会議員として選出されたことを新しい日本の民主化の流れとして、党の政策に掲げるべきであったのに、それをしなかった。女性議員の役割として党が振りあてたのは、当時の混乱した世相を反映するような陳情団への対応を任せたり、「お涙ちょうだい的なときばかりに使った」（加藤し、「重要なことは男がやって、みんなそれに不満をもっていた」（榊原。青木前掲）のである。当時の男性議員が女性を同等の資格がある政治家として尊重するのではなく、「見下げていた感じ」（山下ツ。青木前掲）であった。国会議員、政党は男性中心の世界で、これまで自分たちだけの領域であった「政治社会の内」に初めて加わってきた新人である女性を対等な「議員」と見るまなざしはもっていなかった。

日本の歴史の中で、女性とまったく平等な状態に初めておかれた時、男性は過剰に反応してきた。それまで男性が独占していた領域に、女性が新参者として進出するときにおきる男性の「いやがらせ」、「閉め出し」、「からかい」（江原、一九八五）が国会内で行われたのだ。「あの女は○○のメカケだ」というような噂を流す、選挙用のトラックが持ち逃げされる、男性には勲章の恋愛問題が女性には必ず不利に働く、といったような例は枚挙に暇がない（「歴史評論」前掲）。

5　一度しか当選できなかった女性たち

三九人の女性は初の国会議員として議席を得たものの、半数以上の女性にとって議席を長く保持することは困難であった。三九人中五人（竹内茂、森山、竹内歌、越原、野村）は初めから二三回の選挙に立候補しなかった。竹内茂代は四七年三月二四日市川房枝とともに、公職追放になり、医業に専念、二度と政治には関与しなかった（竹内、一九六一、一九六六）。森山は東京女高師卒、コロンビア大に留学したエリートであった。「二二年の新憲法下の選挙では支持者が出馬を要請したが、固辞して政界から身を引いた」。越原は名古屋女学校の校長という職に戻ったと考えられる。彼女は準訓導から、裁縫教師、そして学校経営者となった「立身出世型」の人間である。野村については市川房枝が「演説をしたところは票が少なくて、しなかった所は多かった。当選したら『おらまあどうしよう』と言ったような人で、ちょっと恥ずかしいですね」と語っているので（「歴史評論」前掲）、二度と立候補はできなかったのであろう。

医者という立場から「婦人議員クラブ」の取り組んだ牛乳問題で頑張った竹内茂代以外、憲法改正委員のメンバーであったが何も発言していない森山ヨネを含め、議員活動について記録がなく、政治家としての資質を議論するのはほとんど不可能である。

第二二回選挙が女性にとって「バブリー」な選挙であったことは否めない。そのために国会議員になった女性たちは、必ずしも政治家として「ふさわしい」人ばかりではなかった。しかし、どの女性もみんな、勤勉に一生懸命に勤めを果たそうと努力をした（青木前掲）。とはいえ、「政治家」は「一生懸命」だけではできない。「かけひき」や「女性への反発」などに加え、新人として「シロウト」が通じるのは一回限りであった。国会という日常的な場ではないところのルールに精通し、自分が実現しようとする政策をもたなければ政治家として認められない。彼女たちの多くは政治技術ももたず、政策といえば、「子どもに戦争の苦労はさせたくないという母親の思いだけで演説しました」（安藤はつ）、「広島の原爆で戦死した一人息子の遺骨をもって選挙演説に歩きました」（紅露みつ）（青木前掲）というだけでは、政治家として認められなかった。

6　厳しい生き残り競争を勝ち抜いた女性たち

1　一～二回当選した女性たち

第二二回の衆議員選挙で当選した三九人の女性のうち、今まで述べてきたように六四％に当たる二五人は一回で消えてしまった。残り三六％に当たる一四人について以下に見ていく。そして、一四人をさらに、二二回選挙だけでなく少なくとももう一回程度当選したグループの五人と、五回以上選挙という修羅場をくぐって国会議員としての地位を確立したグループの九人とにわけて考察する。

前者の五人は自由党・武田、進歩党・最上、社会党・榊原、共産党・柄沢、諸派・松谷である（いずれも党派は二二回選挙の時のもの）。

時代が落ちつくとともに、追放解除となった戦前からの男性議員がもどってきたり、官僚からの新しい政治家への道が用意され始めた。広島の武田キヨは二四回選挙の時には、同じ選挙区で大蔵官僚から転身の池田勇人を含めて民主自由党から三人の男性が立候補するに及んで、はじきとばされた形で民主党から出馬して落選した。政党の編成とリーダーの権力をめぐる男性ベテラン政治家の思惑が、終戦直後の厳しい経済・政治状況の中で渦を巻き、政治アマであった女性は放り出された。

「女性」というだけでは当選が困難になり、政治の世界に長くいようとすれば、「女性」であることよりも、「地元への配慮」や「影響力のネットワーク」が求められ、いたたまれなくなった女性もいる。榊原は片山内閣で女性初の法務政務次官を勤めたが、「政党内で組合出身の人が幅をきかすようになったし、友情や倫理が欠落した世界で、厚顔無恥がまかり通るのがいやで」政治の世界から身を引いた（青木前掲）。

戦前からの活動で検挙歴をもつ、共産党の柄沢とし子は、二三回選挙は函館を中心とする北海道三区から立候補落選、二四回は炭坑地区から立候補し、共産党躍進の勢いとそれまでの活動が認められ当選した。しかし昭和二五年には、戦後結婚した共産党幹部の松島治重とともに、共産党を除名されている(11)。

ドラマチックな人生を送った松谷は当時弱冠二八歳の感受性の強い独身女性で、終戦後虚脱状態にあった。ある日、上野で浮浪者を見て「多くの飢えた人のために」働こうと決意した。「餓死防衛同盟」を組織、委員長となって保有米の放出、住居を失った人に兵舎を開放することを求めてデモや陳情などの活動を父親と一緒にしていた。「国会議員になることでそれまでの自分の活動が売名行為と見られくやしかった」と、当時を述懐している(12)。彼女は二三回には社会党、二四回には労働者農民党（労農党）から立候補して、当選した。そして、天草出身の民主党議員の既婚者、園田直と「白亜の恋」に陥り、「厳粛な事実」が明らかになり、女性からも（児玉前掲）男性からも非難をあびた。松谷は結婚後、夫と同じ改進党から二回、民主党から二回、東京七区で出馬し続けるが、議席は得られなかった。夫の園田は当選一四回、佐藤内閣厚相、福田内閣官房長官・外務大臣を勤めた。性道徳が男性には甘くあてはめられ、女性には厳しいという典型として語り伝えられている（もろさわ、一九八四：大石、一九五六）。

武田、柄沢、松谷に共通するのは、ジェンダーのもつさまざまな作用が、彼女たちを排除する権力となり、彼女たちがもっていた理想主義的な潔癖さが政治の場に通じなかったことである。彼女たちの資質が生かされる前に地元優先主義、あるいは共産党の浮揚と没落、或いは恋愛スキャンダルなどで国会の議席を再び占めることはなかった。

2　幾度か当選した女性たち——保守系

次に三九人の中で、幾度か改選されたグループ、すなわち女性国会議員として地位を認められたと考えられる女性議員を、先ず保守系から見ていく。二〇年以上国会議員として衆議院・参議院に議席をもち続けた近藤鶴代、山下春江、紅露みつの三人である。いずれも衆議院と参議院、両方の経験をもつ。

紅露は典型的な身代わり候補者である。彼女の夫は、戦前には立憲政友会から出馬、戦中は翼賛議員同盟の議員であったために公職追放となり、既にポスターまで用意してあったので、名前だけを書き換えて妻が立候補した。二四回には社会党人気におされて、票を四分の一に減らして、次点にもなれずに落選した。しかし、運がいいことには、四ケ月後に参議院議員の岸野牧夫が公職追放になり、補欠選挙があり、わずか七〇五票の差で当選した。その後、参議院第二回には民主党、第四回と第六回には自民党から立候補して、当選し続けた。二五年の永年勤続で表彰されているが、政治歴は地味で、四九年に参議院在外同胞引き上げ特別委員長で女性として初の特別委員会の委員長となったこと、五五年の第二次鳩山一郎内閣で厚生政務次官を九カ月務めたにとどまる。同時に衆議院で同じ在外同胞引き上げ特別委員長になり、後に女性初の大臣となった中山マサ（大臣就任は一九六〇年七月一九日、第一次池田内閣、厚生大臣）と比べると、政務次官になるまでに、中山は初当選から六年（四期目）、紅露は九年（三期目）である。二人のポスト獲得は、衆議院・参議院の差のためか、かなりの差がある。一般に二期目で政務次官、六期目で大臣という自民党の役職人事の制度から見れば（佐藤・松崎、一九八六）、二人とも政務次官になるまでに時間がかかっている。

紅露の地道な政治活動に対して、市川房枝は二五年勤続表彰の折に「婦人展望」で対談して、さかんにほめている（「婦人展望」一九六八七月号）。紅露の選挙は参議院地方区で、いわば小選挙区制度と同じである。補選と第二回は「民主党対自由党」の対立を、第四回には「自民党対社会党」そして第六回には保守系無所属との対立と「男性対女性」の闘いをくぐり抜けなければならなかった。その意味で「これぞ」という武器のない「地味で国会議員らしくない」紅露が「普通の主婦」のようにふるまい続けることが彼女の戦略であったとも考えられる。夫がその後政界に復帰せず、彼女を支えたのも永年勤続につながったのかも知れない。

山下春江と近藤鶴代については似ている点と違う点がはっきりとしているので比較してみたい。山下は日本女子体育専門学校卒というユニークな学歴で、体育の教師を経て大阪毎日新聞に入社した「新しい女」であった。結婚し、実業に取り組み、終戦を福島で迎え「周囲から推され」（青木前掲）出馬、第二二回から六回衆議院に当選した。二四回は選挙一カ月前の「キス事件」(13)で落選。その後衆議院に返り咲いたが、二九回には労働官僚の渋谷直蔵（新人）らを含む自民党六人と社会、民社の計八人で四議席を争うことになり、敗北して、参議院に回った。二一貫（約七八キロ）という女丈夫ぶりは有名で、「女らしくない」婦人代議士といわれた。

一方「女らしい」代議士といわれた近藤鶴代は、日本女子大を卒業し、教師をしていたが、兄が公職追放になって立候補した。二五回まで順調だった近藤は、犬養健、星島二郎、橋本龍伍という新旧の強力な男性議員と同じ党からの出馬に加え、社会・労農などの男性と争い、二六回、二七回と二回落選、参議院に移った。山下、近藤の落選期間はともに、二年三カ月とほとんど同じである。

近藤は二期目に外務政務次官で、このキャリアは男性とほとんど同じ扱いである。さらに、途中二回の落選をはさんで五期目に大臣（一九六二年七月一八日、第二次池田改造内閣、科学技術庁長官）に指名された。これは男性より早いくらいで、吉田茂首相の「ごひいき」とさわがれた。

山下は四期目に厚生政務次官、八期目に経企庁政務次官になったが、結局大臣にはなれなかった。近藤が一貫して保守本流の自由党に属し、党務もこなしたのに対して、山下は進歩党・民主党・改進党・自民党と転々としながら議席を得てきたという経歴の違いが、彼女たちの政治歴に反映していると思われる。

彼女たちの経歴には、保守党内対立がかなりはっきりと現れている。近藤が属した自由党は、いわゆる戦後派中心で、吉田茂が官僚から大量に人材を移入したことで知られているように人材不足で、女性に対しも柔軟な考えをもっていたと思われる。一方、山下の属した進歩党は、戦前派が多く、女性に対しても古い考えをもち続けていただろうし、保守合同後は少数派であったために、自分達に回ってくる大臣ポストの数が少なかった。それらの理由で、山下は大臣になれなかった（升味、一九八八：山陽子、一九五五）のだろう。山下や近藤が語られるとき「女らしさ」が政治家の資質であるかのように語られている。

3　幾度か当選した女性たち――革新系

第二二回選挙で当選した女性たちで、その後何回かの選挙を勝ち抜き、地位を確固としたものにした革新系の議員たちは、山口シヅエ（衆議院一三回落選二回、通算三三年間）、加藤シヅエ（衆議院二回、参議院四回、通算二六年）、藤原（山崎）道子（衆議院二回、参議院四回、通算二六年）、戸叶里子（衆議院一一回当選、通算二五年）、松尾敏子（衆議院五回、通算一二年）、大石ヨシエ（衆議院六回、通算九年）の六人である。しかしその活躍ぶりは、乱闘国会での金切り声の主（大石）（毎日新聞、一九九〇）であったり、連続一〇回当選した社会党から離党して、自民党に加入したり（山口）、当選の日の離婚だったり（藤原）というセンセーショナルな行動が、政治活動よりさきに報道されてきた。

加藤、藤原、大石は戦前から女性解放のための運動に、それぞれ係わった分野は違うものの、長く関係してきた。戸叶は英語塾の教師を経て、朝日新聞記者の夫とともに上海に渡り大陸新報の記者を勤めた。

戦災で夫の郷里栃木県に疎開、そこから立候補、一位で当選。外交委員会に属し、女性として初の代表質問をしたり、委員会でも積極的に発言している（もろさわ前掲）。社会党代議士会の会長を務めるなど党からも信頼されていた。藤原も党の中央執行委員として婦人対策を六一年に担当している。

この二人と対照的なのは加藤シヅエで、夫が党役員だったからか、党の役職にはまったく就いていないし、委員会でも積極的には活動していない。しかし、知名度があり票がとれるので、タレント的存在であった。彼女の政治的立場については、注意深く見る必要があるが(14)、女性リーダーとしての役目は国会内より国会外で行われた。九〇歳になってもかくしゃくとしてテレビ出演し、政治より「女性の生き方」について語っていた(15)。

加藤の武器は何といってもGHQに信頼された知米派であったことである。昭和一〇年にアメリカで*Facing Two Ways*を出版したり、昭和七年に三カ月間アメリカの女子大、婦人団体、教会などで「日本における産児制限運動」「婦人解放運動」「日本人の美的感覚」と三つの演題をもって講演して回った。当時、加藤は石本男爵夫人であったので、看板は日本の若く美しい「男爵夫人の講演会」と掲げ、裾模様の着物、傘をもった加藤がやや横を振り向きざまにほほえんでいるポスターは人気を博した。GHQの事前の調査で加藤の存在は知れていて、占領開始とともに占領政策を手伝うことになった（加藤前掲）。

加藤は引き上げ問題について、自分の活躍で戦地から兵隊の復員が早くなったと自伝に記している。衆議院の海外同胞引き上げ特別委員会委員長の中山マサとの関係や、参議院の同じ特別委員会の委員長の紅露みつについては、自伝ではまったくふれていない。加藤がGHQと相対で政策的なことを提言した可能性は大いにあるが、野党議員である彼女の提言だけでどこまでGHQが動いたのか、「自伝」をうのみにできない部分である。

革新系の女性議員に共通なのは、前述のように長く政治家として頑張ったが、この間に社会党が一回しか政権をとれなかったために、「ポスト」を占めることができなかったことである。たとえば山口シヅエは自民党に移籍した後の選挙で当選したとたんに経済企画庁政務次官になっている。

この六人のうち、加藤と戸叶は夫との組み合わせが、衆参反対になっているが、夫婦互いに現職の国会議員であり、選挙にも大いにプラスとなっている。

第二四回の選挙では加藤夫妻は名古屋と東京で、藤原は静岡で社会党の惨敗のあおりで負け、加藤と藤原は参議院に回った。社会党は党全体の議席の増減と女性議員たちの再選率とはかなり関係がある。

山口は父親が第三回参議院選挙から社会党全国区から出馬し、二期務めたことは山口にもプラスに働いたであろう。しかし、藤原にとって夫は、ボルネオから現地妻をつれて引き上げ、落選し続け、ブラジルへ新天地を求めて脱出するまでマイナスに働いた存在だったと思われる。あるいは、そのような戦後には珍しくなかった女性の辛い立場が同情票となった可能性もある。

大石はその意味では徒手空拳であった。捨て子で（大石前掲）、米国で学んだ大石は一五歳から婦人会の会長をしていたとか、銀座で化粧品の店を女だてらにもっていたという。どちらの経歴も選挙で直接有利になるとは思われない。独身で、まったく飾り気のない人間性がいわば怪物的（小沢、一九八四）で、「イバラないから」好かれていたらしい。ヤジ将軍、巴御前、女傑といわれた彼女は当時の混沌の中から立ち上がろうとする民衆のエネルギーをもっともよく象徴していた（もろさわ前掲）。

松尾敏子は中選挙区となった後に、神奈川一区から六回当選しているが、ほとんど知られていない。彼女が書いた『日本財政と国民生活』は、昭和二三年に出版された「経済のたてなおしとインフレの克服」を提言している本格的な論文である。彼女は社会党右派の中央執行委員を経験し、民社党の結成に参加し、後には自民党の県連顧問になっている、という複雑な政治歴を踏んでいる。市川房枝が期待したような政策提言をできる能力をもっていた松尾が、ほとんど知られないまま歴史に埋没してしまったのは残念である(16)。

長く議席を保持できた女性たちの夫や父が、ともに国会議員として活動していた事実は重要である。第一は衆・参と夫婦・父娘が分かれていることで、常に「選挙」への備えができ、地盤がしっかり形成されたことで、第二は、政党政治の渦をまったく経験していない女性が議員として能力を発揮しようとしたら、指導者として夫あるいはそれに類するような存在が必要である（Ferraro, 1993）。戸叶、加藤、紅露、最上、山口（父）などは、家族から地盤だけでなく、政治的技能の取得の機会を得ることができたために、一度だけで消えず、政治家として地位を得られたと考えられる。男性の場合先輩・後輩ネットワークや、派閥の中で人間関係をつくりながら、政治のノウハウを身につけていくことができるが、女性にはそのようなノウハウを得る手段が閉ざされがちである。女性の議員活動への支援体制が、ほかならぬ、家族からというように私的なものであったことは、その後の時代、女性議員がふえなかった原因の一つであろう。この時代以降、ジバン・カンバン・カバンといわれる選挙の組織化が進み、女性が国会議員になるにはハードルが高くなっていった。

7　民主改革の星たち

中選挙区制への選挙法改正案は一九四七年三月二一日の委員会での強行採決を経て、二七日には二度の大乱闘を記録して本会議で可決し、貴族院を三月三一日に通過し、その日のうちに公布された。中選挙区制度は、当初から「婦人には相当不利」と政府が明言した制度で（杣前掲）、民主改革の期待を担った女性議員は以後減少した。

大選挙区制度の採用にあたっては、保守的な政党と民主化を目的とするGHQの意向を受けた官僚との間に対立があった。その時はGHQは「日本のシステムを通して行われるべき」という態度で、決定には直接介入しなかった。ところが、一年後の中選挙区制への改正に対しては、二月六日の植原内相・ホイットニー会談で、ホイットニーは日本政府の考えている選挙制度改正に反対を表明したのであるが、一週間後の、吉田・マッカーサー会談でマッカーサーが同意したので、政府は強行採決をした。中選挙区制が旧来の勢力・保守的勢力に有利である、という認識がマッカーサーになかったはずはない。マッカーサーが中選挙区制度を承認するに至った態度の変化は、二月一日のゼネスト中止命令をだした彼の態度と一致するが、一九四五年一〇月に女性参政権と労働者の権利を保障することを日本政府に求めたマッカーサーの態度とは明らかに違う。

一九四六年四月の選挙で、女性が大量進出したことで、五大改革の「第一」が成就したと喜んだマッカーサーは、今度は五大改革の「第二」の労働者へ期待した。わずか半年の間にできた組合をバックに、労働者はすでにゼネストを打とうとするほど力を得てきている。マッカーサーは、戦前の保守的な勢力はGHQの努力と民衆の力で後退した思い、次の総選挙では、たとえ選挙制度の変更があっても労働者が勝つだろうと予測したのであろうか。それとも、急速に力を得た労働者におびえたのであろうか。

植原内相が「比較的左翼のような思想をもっている人には不利な選挙制度」と貴族院で明言した（杣前掲）にもかかわらず、マッカーサーが中選挙区制度への変更を同意した理由は不明である。GHQの中には、「一度だけしか行っていない選挙制度の変更」に疑問が出たという（同前）。とすれば、「GHQが選挙制度に改革に関しては日本側の自主性を尊重しようと努めた」（同前）ことを利用した勢力が日本の方にあったのであろう。

選挙制度の変更は、純粋に技術的なものとして提出されても、その背後には政治目的がある（杣前掲）。選挙法改正案は議員立法で、提案者はその意図を「保守的立場は反民主化ではない」と説明した（同前）。選挙法改正の目的は第二四回選挙から、保守党の優位が長年にわたって続くことで明らかになったように、大選挙区制から中選挙区制への改正は保守的でない人々を排除する結果となった。そして、女性議員は減り続けていった。終戦後一九四六年に第一回の総選挙で三九人当選した女性たちは、四七年には一二人、四九年には八人、五二年には六人しか残っていなかった。一九九六年の衆議院選挙以来施行されている小選挙区比例並立制度によって女性の当選率は上がっている、二〇〇三年一一月の選挙が執行されたが、当選した女性はようやく三四人（七・一％）になった。この数字は世界の先進国中で最低である。

以上のような政治状況と選挙制度のめまぐるしい展開のなかで、三九人の「第一期婦人代議士」は政治的にあまり意味がなかったのかといえば、決してそうではない。

第一に、女性国会議員の出現は、何ものにもまして、民主主義の時代が来たことへの説得力があった。戦前には政治活動をまったく認められなかった女性が堂々と男性と同じ立場・地位をもって、国会という場で意見を発表することができるようになったことで、彼女たちの国会における活動は、身をもって「時代が変わった」ことを天下に知らすことができた。

第二に、政治への関心が高められた。それは必ずしも政策的な関心の高さを呼び起こしたのではないが、女性国会議員の言動は、なにを着ているか、弁当の内容まで、マスコミ（テレビのない当時、新聞・雑誌も紙不足で薄いものでしかなかったが）などを通して有権者に知らされるようになった。選挙前には普通の奥さんであった女性たちが、登院して、熱心に議論をするのを国民が知って、国会という場が誰でも行ける場であることが明白になった。

そして第三に、女性は長い間「政治社会の外」におかれていたが、主権者として、被選挙権も立派に行使できたし、投票率からいえば、選挙権もきちんと行使したといえる。

これらの三つのことは、民主政治の重要な要素が機能したことを示しており、マッカーサーがねらった民主改革の一部が、実現したことを証明している。その意味で、三九人の女性たちは「民主改革の星」であった。

ここまで検討してきたのは、戦後第一回の衆議院選挙で当選した女性についてであったが、実はこのときの選挙で当選した男性新人議員の多くも一年しか議席を守ることができなかった。高沢淳夫によれば、落選した新人議員たちは一七一人いた。この人たちも選挙には一回限りしか当選しなかったし、政治家としては一年間の議員活動で終わったのだが、本来政治の資質・経綸を富ませるべき人々であったという（高沢、一九八〇）。

高沢はさらに、勿論この時期「衆退」した者には政治的見識に欠けた、「いかがわしい」議員がまったくなかったとはいわないが、むしろ、政党政治の進行状況に組みしない個性的な政治信念の持ち主が、以後の政党政治の時期よりもはるかに多かったという。多様な意見と経歴をもった議員が集まって、国会という公の公開の場で議論が展開されてはじめて民主的な議会運営が可能になる。これまで考察したように、女性は参政権を得て国会をめざした。そして三九人当選した。三九人の女性国会議員の中には、数は少ないが、政治家としての見識、努力、活動において、男性以上に評価されるべき女性たちが確かにいたことが、歴史的に見落とされてきた。その意味において、大選挙区制あるいは連記制によって行われた第二二回衆議院選挙は、日本の政治が多様な人々の意見を集約し、多様な人々に益するための唯一の政治的機会であったのかも知れない。

3 台所からの政治参加

●「ものをいう主婦」に――主婦連合会の消費者運動

戦後の食料・物資不足は家庭の責任者である主婦の結束を促した。一九四六年五月一二日の「米よこせ」デモにも、五月一九日の食糧メーデーにも多数の女性が参加した。一九四八年九月三日に開催された不良マッチ大会に集まった主婦は、日ごろの生活の困難を政治的に訴えていくために主婦連合会を組織した。主婦連合会の運動は「消費者運動」とよばれたが、「台所の声を政治に」という政治活動であった。

1　分析の概念としてのジェンダー

過去三〇年以上フェミニスト研究者は既存の知識や知識体系に挑戦し、分析の概念としてのジェンダーによる「知の生産」に努力を傾けてきた。そのような努力は政治理論、政治学の経験的研究において三つの「段階」があった（Carroll & Zerilli, 1993）。

第一の「段階」で問題にしたのは、政治思想あるいは政治理論が男性によって論じられきたために、女性を政治的に「見えない存在」としてきたことである。この段階においては、学問の対象として女性をまったく扱わなかったり、たとえ女性を学問の対象として扱っても「女性は政治に無関心である」というステレオタイプな女性観によって語られていることを批判した。

第二の「段階」は、理論的には従来の政治学の枠組みを前提としたままで、そこに女性を政治学の新しい対象として付け加えて論じてみることであった。七〇年代から現在に至るまで続いている第二の「段階」で行われてきた経験的研究の多くは教育、就労の機会など社会的な要因を変数として使ったり、選挙で選ばれたエリートの女性や政治過程に影響を与えようとする女性の組織活動を対象に行ってきた。

第三の「段階」では、女性を学問の対象としたとき、従来の政治学の枠組みでは十分な説明ができないので、ジェンダーを分析概念として取り入れた新しい枠組みを再構築する試みに発展している。第三の「段階」の議論は、既存の知識の体系が男性の経験を基礎にでき上がっているので、既存の知識である政治学の理論では、女性と政治について分析できない。だから、政治構造や政治過程の分析や政治思想にジェンダー概念を取り入れるべきであると主張している。ジェンダー概念を政治理論に組み込むと、これまでの政治思想や政治学が人間の生活を公私圏に分断し、男性は公的領域を、女性は私的領域を担うとした二項対立的な分析軸はまず見直さなければならない。また、女性の政治的経験を検討することで、多様な政治のダイナミックスが現れるうえに、従来の政治が扱うテーマとは異なる日常的な政策課題が呈示されるようになる。

欧米のフェミニストの取組んだ研究には示唆にとんだものが少なくない。とはいえ、欧米のフェミニストの理論はそのまま日本における女性の政治参加の理論とはならない。日本の女性の政治参加は、一九四五年一〇月に参政権獲得、治安維持法廃止をきっかけに社会的な認知を受けるようになった。働く女性たちの運動は、戦争中に男性の職場へ進出していた女性を「家庭」に戻そうとする動きへの抵抗や、女性教師の団結など「進んだ労働婦人」として、労働運動、労働組合運動を熱烈に展開した。

一方、「おくれた家庭婦人」は連合軍総司令部（以下、「ＧＨＱ」とする）の民主化政策によって組織化が奨励され、「政治学習」「棄権防止」から活動を始めた。多くの場合、女性組織の政治活動は、主として国政レベルにおいて、特に平和への強い希求や、政策への不満をさまざまな態度で表す運動として発展した。

「家庭婦人」の組織化の特徴は二つある。その第一は、性別役割規範を受け入れたまま、活動に参加するという役割規範の要因である。性別による役割規範によって女性は、家庭という私的領域と強く結びつけられてきた。結婚後は働き方に関係なく、母親、あるいは家庭の責任者としての「主婦」役割を規定された。日本の女性の運動は、そのような性による分業を否定する挑戦としてより、むしろ「母親」や「主婦」役割を受け止めながらはじまっている。

第二の特徴は、日本の女性は性別役割分業によって規定された結果、経済的な独立が困難になる一方で、家庭経済の管理を担い、所帯収入の支出すべてに責任をもつようになったことである。主婦は食糧、衣料、住宅、時には投資をも管理し、消費の単位としての家族の代表として、食糧不足の時代は食糧の確保と物価を、食糧の品質が問われる時代には、安全性を追及するために政治に参加した。

この二つの特徴から見出せるのは、欧米の女性の政治参加が「女性の権利」の主張から始まったのに対して、日本の女性の政治活動への参加者の中には、男女平等への意識、ジェンダーの見えない「権力構造」を揺るがす目的で活動に参加するのではなく、むしろ伝統的な性別役割意識をもったまま参加した人たちが少なくない。伝統的な性による分業が動機となって政治活動を開始する過程は、「女性があらたな役割を獲得した後に政治活動に参加する」という日本の女性政治活動家の先行研究（ファー、一九八六）とは違っている。日本の女性の政治参加には、いわゆる第二波フェミニズムによる意識の変容をへて、政治活動を展開したというパターンではない政治参加のパターンが見出せる。つまり、日本の女性の場合、性別によって規定された役割の再定義は、必ずしも政治活動に先行していない。

むしろ、政治活動への参加によって、女性たちは新たな役割の発見していることが珍しくない。日本の女性の中には主婦としての役割を政治活動への動機とし、政治活動を展開しているうちに、社会の中での自分の生き方を見直し、社会変革への意欲をもつようになっている。すなわち、政治活動に参加することで自らの社会的な位置づけを知る。そして、自らを主婦役割に位置づけたものはジェンダーによる「見えない権力構造」であり、活動の発展とともにジェンダーが構築した権力構造を見出し、その変革をめざすようになっている。これまで日本の女性、特に主婦は、投票、選挙活動、地域・住民運動など一般的な政治活動への参加率が低いといわれてきたが（蒲島、一九八八）、実際には、いくつかの組織は、参加者が女性、特に専業主婦がその中心にありながら、「有力な圧力団体として活動するに至って」(永井、一九六〇)いる事実に注目する。そのような事例として、主婦連合会を取り上げ、その初期の組織化過程に注目し、ジェンダーと社会運動理論の資源動員論の分析概念を用いながら検討していく。

2　主婦連合会

1　主婦連合会とは

主婦連合会(以下、「主婦連」とする)は戦後の政治活動の自由化とともに噴出した一般女性団体(市川房枝記念会、一九九四)である。その組織化のきっかけは、一九四八年九月三日、東京原宿の中央社会館で開かれた「燃えないマッチを持ちよる会」であった。前日九月二日に都内を宣伝トラックが回って、主婦に「いくらすってもつかない」マッチを優良マッチと無料で交換すると呼びかけた。集まった主婦は配給で受け取った不良マッチを、マッチ会社がトラック二杯分運びこんだ品質のよいものに取り替えることができた。そして「一〇本に一本しか点火しないようなマッチは、一升のお酒に一合しか本物のお酒が入っていないことじゃありませんか」と主婦はマッチ業者や監督官庁である商工省の役人に鋭く迫った(「読売新聞」二〇〇一)。マッチ大会に集まった主婦は、不良品マッチを優良マッチに取り替えただけでなく、統制経済下の主婦の苦しみを、経済の監督者である役人に直接訴える機会を得たのである。それは、当時の「主婦の生活を取り巻く多くの不合理と搾取が、ものいう人形にすぎなかった婦人をさえ怒らせ」

（奥、一九四八）ていたからで、マッチ大会は「政治と生活が直結」（奥前掲）していることを明らかにした運動となった。

翌一〇月には主婦たちは都内各地、そして全国に「主婦の会」あるいは「婦人会」として組織化されていった。その目的は「生活を守るために果敢な声をあげよう。……主婦連合会は物価を下げて、主婦の価値を上げていく会にならなければ」（奥前掲）と当初から政治的アドボカシーを視野に入れていた。

一九四九年四月一五日、神田共立講堂で「主婦の店」選定発表が行われた。そこで「主婦の店マーク」(1)の贈呈式があり、その後に第一回の総会を行い、主婦連合会は正式に全国組織として設立された。

2．主婦連合会の設立の背景

主婦の社会活動といえば、「主婦連」という名があげられるほど長い歴史と知名度をもつ主婦連は、一九四八年に「生活防衛」を謳って組織化された。その直接的なきっかけは、「不良マッチ」の交換会であったが、その時「一箱で五本以上つかないマッチがある場合には不良品とする」という不良品規格を定めた。今でいう「欠陥商品」の基準を設けたわけで、消費者としての姿勢を積極的に社会に示した。また主婦連はその運動の目標を消費生活の合理化におき、具体的には「物価の値下げ」という明確な利益の獲得をめざした。その目的の分かりやすさは、物資不足、物価高で苦しんでいた主婦の組織化を可能にし、積極的に政治参加への道を拓いた。

主婦連設立の背景としては、戦後の物資の不足に加え、激しいインフレ、公定価格と闇価格の二重価格など、「暮らしの問題」が山積していたという時代状況を先ずあげなければならない。一九四八年六月二九日物価庁の「物価安定推進要領」で述べているように、政府にとっては「物価が安定するかどうかは、総合施策が適切におこなわれるかどうか、また、それに対しどれだけ国民が協力するかにかかっている。……終戦後いろいろの悪条件にくわえて、配給がうまく行かず、法律を重んじる精神が衰えるにつれ、公定価格を軽んじ、ヤミ価格になれ合う思想がまんえんしてきたことは顕著な事実である。……何よりも公定価格励行に対して国民の思想的実践協力をうけるようにすることである」(国民生活センター、一九九四)と、政策の実行に国民の協力を必要としていた。

この時代の混乱した経済状況の中では、公定価格の遵守や配給によって国民生活を安定させることは、自由な競争を阻むことではなく、供給の安定のために「必要」な政策として捉えられていた。しかし、実際には「闇」が横行していて、金を積めば何でも手に入る状況がまかり通っていた。一方、経済力のない一般人は、必要なものが十分配給されないために、日々の生活は不自由で、栄養も足りない生活を送っていた。主婦連の設立とともに取り組んだ「主婦の店」選定は、公定価格を守るための運動という社会的正義の目的があるから、商店も協力しないわけには行かなくなる。主婦連の活動は「国民の協力」と物価安定に寄与するもので、そのような活動から見れば、主婦連は政府の政策の推進に協力する「政策浸透団体」(石田、一九六二)である。

主婦連の設立を可能にしたのは、まず、社会・経済状況、そして公定価格を守りたいという物価問題があるという政治的機会、次に、日ごろの生活に不満のあった主婦のエネルギーを資源として組織化したことに加え、創立者でその後五〇年近く会長職にあった奥むめおというリーダーの存在があげられる。主婦連の設立について奥は、「経済安定本部から、主婦の経済的な関心を高めるためによい知恵はないかと相談を受けた」(2)と述べ、政治的機会があったことを証言している。

3　主婦連の政治活動の特徴

1　消費者運動

主婦連は「消費者運動」と位置づけられている。設立当初の運動の大きな目的は「物価の値下げ」と「不良品」拒否であった。設立半年後の一九四九年三月には、当初の目的であった公正価格を守る運動として「主婦の店」選定の活動を展開した。一九五〇年には、他の消費者団体に先駆けて「日用品審査部」を開設し、商品の品質問題に取り組んだ。一九五五年から「一〇円牛乳」に取り組む「協同組合」活動、消費者の権利として「苦情を社会化」するシステム作り（苦情の窓口設置など）に加え、「物価値上げ反対」、特に消費者米価の値上げ反対を、消費者の立場で表明してきた。そして現在ではその目的を「消費者の権利の確立と消費生活の向上と合理化を測るために必要な活動をする」（市川房枝記念会前掲）と謳っている。このような歴史をみれば主婦連はまちがいなく消費者団体である。とはいえ、主婦連の活動は消費者問題だけに限定しているのではなく、直接的な政策決定過程への影響力を意図した「ものをいう主婦」の「政治活動」であった。

2　官庁や業界との連携

主婦連は、その成立の当初から、官庁と深く連携し、その支援を受けていた。たとえば、一九四八年九月三日に開催された「マッチ大会」（これは主婦連設立以前の活動であるから、正式には主婦連の活動とはいえない）には、「商工省係官と業者」（奥、一九八八）が参加している。当時マッチは府県ごとに設けられた一元的配給機関（○○県マッチ販売会社）を通して行われ、その価格は商工省の定めるところであったが、ＧＨＱの厳重な監督の下におかれ、全工場の製造原価を厳密に計算して定められていた。しかも高額な物品税が課せられていたから、「闇マッチ」は脱税によって大きな利益を得ていた（永木・大塚、一九七四）。

マッチは「他商品にさきがけて統制のワクがはずれかかっていた」（主婦連、一九五七）というきわめて政治的色彩を帯びた商品であった。「昭和二三年（一九四八年）春には、自由販売への移行が目前に迫っていたことは業界では誰の目にも明らかであった。しかし、絶対量の決定的不足から一足飛びに闇マッチ横行による過剰供給へ移り変わったこの時期、新旧の製造業者が入り乱れる結果となって業界は混乱していた」（永木・大塚前掲）。実際、マッチは昭和二三（一九四八）年九月一五日には統制解除になったが、公定価格は昭和二四（一九四九）年七月まで存続された。

「マッチ大会」は、第一に「闇マッチ」の撲滅、第二に主婦の不満の組織化、そして第三に「消費者」を通して政府が業界団体をコントロールするきっかけを作った。実際、「マッチ大会」に集まった主婦は、不良マッチを良質のマッチに交換するという実利と同時に、生産者や官僚に欠陥商品の不満と主婦の怒りを示す機会を得た。そのような主婦の活動は官庁が業界をコントロールするために「消費者が許さない」というメッセージを生みだした。同時に、マッチ業界を利用して他の「統制のワクが外れる」業界に対しても消費者と官庁による暗黙の規制を知らせることになった。

また、主婦連組織化への実際的推進力となった「主婦の店」選定にあたっては、配給用紙の裏が投票用紙になっていた。そのようなことは官の協力がなければできないことであった。

このような主婦連の設立当初の活動は消費者の声を吸い上げながら、一方で企業・官庁に問題提起していく「政策浸透団体」としての活動であった。とりわけ、初期の主婦連に見られたユニークな活動が二つある。一つは、「産業復興のための貯蓄要請」で、もう一つは「証券民主化」への協力である。

前者については、「主婦の手も産業復興へ」（主婦連、一九四九a）という貯蓄推奨を行っている。「やりくりの苦しい家計であるが、わたしたちも国家に協力して、産業資金や社会事業施設費を十分もつために、貯蓄運動にこぞって入ろう」（同前）とアピールして、一口二〇〇〇円で、短期間に七〇万円を集めている（主婦連、一九四九b）。

後者の「証券民主化」とは、「投資家たちによる、富に対する支配の明け渡しは旧来の財産関係を破壊する」（バーリー・ミーンズ、一九五八）という資本の民主的統制の理論にのっとった政策で、いわゆるニューディーラーが財閥解体とともに、民主的な経済政策として推進しようとしていたものである。

一九四九年九月「主婦連たより」第六号（昭和二四年九月一日発行）からは毎号、日興證券が「婦人投資相談部」の宣伝を掲載し、一九四九年一一月一日号には大和證券も広告掲載をしている。さらに一一月一日号の日興證券の広告には「婦人投資クラブ」へのお誘いが載っている。株式投資の広告が掲載されるのは、主婦連に参加した主婦が余裕のある階層であるために、当時「直接投資家との接触をしていた証券会社」（阿部、一九九五）が家庭の経済管理者である主婦へよびかけるという思惑があったに違いない。しかし、同じ新聞には、「わずかな時間に内職をして家計のたしにする」とか、配給物資のおいしい食べ方などの記事がある。しかも一年前の主婦連結成の呼びかけは「生活を守るために果敢に闘う共同戦線」（奥、一九四八）であったことなどから、「女性だけの投資相談部」の広告には違和感がある。

当時の証券業界はまだ混乱していた。日本証券取引所は、昭和二〇（一九四五）年八月一〇日から全市場の立ち会いを停止したまま終戦をむかえ、一九四九年五月一五日まで再開できなかった。この間にGHQは戦後の民主化政策として、財閥解体を柱とする日本経済の大改革を行った(3)。財閥株を国民に「民主的再配分」するために、「昭和二二年（一九四七年）七月から〈凍結株の放出〉と〈証券民主化運動〉が証券業者の自発的意思に基づいて計画され、昭和二二年（一九四七年）一二月一日に実行に移され、株式所有の大衆化が進んだ」（谷村、一九九五）。この運動に対してGHQは「この運動はセールスキャンペーンではなく、エデュケーションでなければならない」（阿部前掲）という態度であった。そして「投資クラブ」は、エデュケーション機能をもっていた。

ここではこれ以上深く立ち入ることはできないが、当時の証券業界の状況と主婦連の国家政策への協力姿勢、「主婦連たより」にしばしば載せられる証券投資への広告から、主婦連は「証券民主化」に協力したと思われる。

3　おしゃもじデモ

主婦連はしばしば街頭集会、署名活動、デモを行った。そのような折りには、参加者は必ず白い割烹着で参加して、圧力団体としての示威行動を行った。

戦時中、主婦は白い割烹着を着て、国防婦人会という政治活動を展開した。一九三二年三月にわずか二五〇人で発足した国防婦人会は半年足らずのうちに会員四万人を超え、年末には一五万人になり、「銃後の守り」を誓った。国防婦人会がシンボルとした割烹着は「台所で働く姿勢をあらわし、台所から着替えるまもなく飛び出した」(藤井、一九八五)ことを意味し、かつ着物競争を防ぐ効果があった。その組織形態は「分会方式」で、「国防は台所から」というモットーであった(藤井前掲)。主婦連の組織者が国防婦人会の活動を知らないはずはない。主婦連は「戦争協力」に狩り出されたイメージの白い割烹着を、生活防衛の戦士としての「主婦」イメージに塗り替えた。

また、主婦連はおしゃもじ型のプラカードにさまざまな要求をかいて国会周辺をデモした。主婦連のシンボルとなるおしゃもじは一九五一年九月に初めて街頭へ出た。白い割烹着でおしゃもじを掲げた主婦がおおぜいデモをする姿はマスコミを通じて全国に知られるようになった。おしゃもじは「朝に晩に主婦の手に握られ、家族を守ろうとする主婦の気持ちを一番よく知る」(奥、一九八八)ものとして使われ、「おしゃもじで豊かな食べものをよそうことは主婦の願いであるし、〝めし取る〟、闘いとる、という意味もある」(同前)と、「主婦の座」の象徴として使用された。主婦連では米価が問題になる時には必ず消費者米価の抑制を要求するデモを行い、「消費者の代表」という社会的認知に成功した。そして、白い割烹着におしゃもじデモは、主婦連のイメージとして定着した。

そのときから五〇年以上たっているが、主婦連のホームページのトップには、マンガの主人公フクちゃんが主婦連と書かれたおしゃもじを背負ったイラストが描かれている。

4　審議会等への参加

主婦連が一定の政治的影響力をもつようになったのは、「米価」への関心を高くもっていたことである。主婦は主食である米価に高い関心をもっている。その関心を政治的発言にして発信した。一九四九年八月に米価審議会が発足と同時に、主婦連会長、奥むめおは審議委員に任命されている。その後、国や自治体の審議会、専門員会、調査会などに主婦連のメンバーの中から委員を送り込んだ(4)。中央省庁・地方自治体の審議会などに主婦連から送り込まれた委員は、一九六一年には二九の審議会に及んでいる（主婦連、一九六一）。

主婦連が審議会などに参加する時の活動としては二つある。一つは、値上反対運動などを推進した結果、政治制度内の地位を獲得した場合で、もう一つは政治制度内の地位における発言を担保するため運動が展開される場合である。

前者の例が、「電気やガスに関する法令を改正する審議会に消費者代表として」（主婦連、一九五二）選ばれたケースである。一九五一年に電気産業労働組合の賃上げがこじれて停電ストが行われ六〇日に及んだ。その間の電気料金に対して不払い運動を含め、「ストの継続は消費者に迷惑」という立場で、電気を使用する美容・理容業、医師などとともに主婦連が表に立って抗議運動を展開した。そして、一九五二年一月に「事業者は消費者へのサービスを約束し」て解決し(5)、主婦連は「消費者の代表」として審議会に選ばれた(6)。そして、電力会社の広告が「主婦連たより」に掲載されるようになった。

後者の審議会での発言のために活動が展開された例は、設立間もない主婦連が一九四八年から展開した浴場料金値上げ反対である。東京都の浴場問題協議会で、値上げは不要という主婦連の主張を裏づける資料を作るために、会員は手分けをして、浴場の前で出入りする人数を数えたり、夜遅くまで交代で見張りをしたり、残り湯の水質を測るためにしまい湯を採取するために瓶を持って入ったりした。そのような、実践的な調査活動が値上げ反対の資料として提出され、浴場料金の値上げはストップした。

5　政治運動から消費者運動へ　以上に見てきたように、主婦連は当初「物価の値下げ」を求める一般の消費者である主婦に「政治」への参加を促し、政治的関心を引き出した。参加者の参入動機は、必ずしも政治への関心ではなかったが、主婦連は制度的、非制度的な政治過程に参入する機会をさまざまに提供し、参加者の政治知識、政治参加意欲を開発した。その背景には、激しいインフレ、物資不足などの経済状況、GHQの理想に燃えた民主化政策、「男女同権」と謳われた新憲法の下で女性が政治活動をする自由が保障された、などがあった。

一九四九年二月にジョセフ・ドッジが公使として日本に着任、「ドッジライン」といわれる徹底した自由経済の方向性が示された。ドッジラインは日本の経済が戦後の乏しい資源を経済統制によって、国営企業に近いものになりつつあったのを、「自由競争を復活させ、競争に耐えるように企業体質を一変させた」（中村、一九九三）。と同時に、外貨持出しには厳しい統制が持続され、企業の選別があり、企業はひたすら効率を追及することになった。一九五〇年六月に朝鮮戦争が勃発し、日本の経済復興、経済成長の引き金になった。経済が大企業中心に力をつけていく過程で主婦連が結集した「政治にものをいう主婦」は私的な領域である家庭に囲い込まれ、政治活動は「消費者運動」にしぼられていった(7)。主婦連が発行している「主婦連たより」の見出しを分析すると、初期には「(政治に対して)ものをいう主婦」というアイデンティティが打ちだされていたが、一九五〇年代半ばからは「消費者」に収斂している。「ものいう主婦」がいわば大量生産、大量消費の時代になる過程で「消費者」と変っていくことで、主婦連の活動は「消費者運動」と呼ばれるようになり、政治運動としての認知度が低くなり、政治から「見えないもの」とされていった。その後、新たな主婦の政治活動が活性化するのは、「豊かな時代」「地方分権」「参加民主主義」が政治テーマとなってきた一九八〇年代になってからであった。

3　資源動員論と主婦連合会のリーダー

資源動員論では、運動の興隆には無形資源と有形資源が必要であるとしている(マッカーシー、ゾールド、一九八九:フリーマン、一九八九)。無形資源とは、たとえば参加者がもっている時間的な自由や高い能力などをいう。有形資源とは、組織を可能にするほどの参加者という人的資源、そのリーダーとしての「特定的人的資源」、集会のできる拠点、組織独自のメディアの所有などをいう。有形資源の中でも人的資源は運動が大きく依存するところである。論者によって、人的資源も分析枠組みは違うが、中心人物から同心円的に拡大する運動への関わり方で五つのグループに分けられる。

第一のグループは「特定的人的資源」、あるいは「指導者集団」（片桐、一九九五）と呼ばれる人で、組織の中心的指導者であるばかりでなく、専門的熟練や政府内の地位についている少数者をさす。

第二のグループは、組織の運営に関与する人たちで、関与の深さは、どの程度個人の時間を組織のために使えるかによって測る。

第三のグループは、組織の構成員として会費は払うものの、具体的な参加はあまりなく、時間的にはほとんど活動にコミットしない人たちである。第一から第三のグループは、会費を払う組織の正式なメンバーである。

第四のグループは、「良心的支持者」とよばれ、組織の正式なメンバーではない。たとえば「マッチ大会」の出席者、「主婦の店」選びに参加した主婦と商店、署名活動で署名をした人、「主婦大学」や主婦会館の一般的な講座の出席者、資金的援助をするなどの活動に参加する人たちである。

第五のグループは「潜在的受益者」（マッカシー・ゾールド、前掲）である。運動組織に対して何もしないが、組織が目標を達成すれば、利益は受けられる人々で一般的には「フリー・ライダー」と呼ばれる。たとえば、主婦連が物価の値下げに成功すれば、家計がプラスになるという非常に多くの一般の人々は、「フリー・ライダー」である。

資源動員論によってフェミニズム運動を分析したフリーマンは、運動が使える資源の源泉と利用に関しては拘束があり、運動を規定していく（フリーマン前掲）という。主婦連の組織過程での最大の拘束は、使える資源の大きな部分が官の支援によるところからのものであり、それが主婦連の活動を「政策浸透団体」、あるいは「コーポラティズム的圧力団体」(村松ら、一九八六)と規定していった。その官からの資源の供給を可能にしたのは、奥むめおという「特定的人的資源」であった。奥のほかにも、初期の主婦連の組織の特定的人的資源としては、副会長のジャーナリストから転身した春野鶴子、後に主婦連の重要な「発信基地」となった日用品試験室を担った薬学専攻の高田ゆり、事務局を担った清水鳩子(一九九五〜一九九九年まで会長)、奥むめおの娘中村紀伊(一九九一〜一九九五年まで会長)なども主婦連の発展に貢献した。とりわけ奥むめおは主婦連の組織過程、運営にリーダーシップを発揮し、多様な資源獲得を可能にした。

1　特定人的資源(1)——奥むめお

奥むめお(一八九五〜一九九七年)は、福井県出身、一九一六年に日本女子大学家政科を卒業してから、一〇〇歳をこえるまでの長期にわたった活動歴はいくつかの時期に分けられる。

活動の第一期は在野で常に金に苦労をしながらの一〇年である。二四歳で紡績女工となり、その年に奥榮一と結婚、二男一女(第二子は夭折)を出産している。二五歳の時平塚らいてふ、市川房枝の「新婦人協会」設立に参加して理事になり、「婦人参政権運動」に取り組んだ。その後は婦人労働者の問題、協同組合運動に深く関わり、一九三〇年、三五歳の時、東京本所に婦人セツルメントを設立し、一九三八年には母子ホームを併設した。

第二期は、戦中期の一九三九年からの活動で、「戦争協力」(鈴木、一九八六：成田、一九九五)と指摘される時期である。奥は四四歳で、厚生省労務管理調査委員となり、初めて政府の仕事に関与した。四一年には大政翼賛会改組によって設置された調査委員会に参加しながら、文筆活動を行った。この時期は短いが、在野から体制内への転換、すなわち、政府への協力の始点というべき時期で、後の活動に大きく影響を残している。

第三期は、一九四七年に参議院議員になってから、晩年までとする。一九四六年四月一〇日に女性が参政権を獲得して最初の衆議院選挙が行われた。奥は「知人や先輩から立候補を熱心に勧められたが、がんこに断り続け」、七九人の女性立候補者の中には入らなかった（奥、一九八八）。翌年、一九四七年四月二〇日「台所と政治の直結」を訴え、「婦人運動家の古強者」(8)（「朝日新聞」一九四七年四月二三日）の一人として、三月に結成された国民協同党から出馬し、初の参議院議員に当選している。参議院選挙の五日後に衆議院選挙があり、社会党が第一党になり、国民協同党も連立内閣に入った。奥は「参議院は無所属であるべき」と考え、「女性として、消費者として政府にものを言う立場」を通すために緑風会に移った。

第一回の参議院選挙後、緑風会には九二名の議員が所属し、第一会派であった。その後、緑風会から自由民主党へ移る議員が続出、緑風会の勢力は減る一方となり、五三年には四七名、五六年には二九名、五九年には一一名となった。五九年の参議院選挙では緑風会から、全国区では五名立候補し四名当選したが、地方区では七名が立候補し二名しか当選出来なかった。そのような政治環境の中で一九五九年に、奥は五七六、三七九票で全国区の当選議員中八位で当選している（一回目は一六〇、三四二票、二回目は二二三、七五二票）。「主婦連」の活動が全国的な集票に寄与したと考えられる。奥は七〇歳まで、参議院議員を三期一八年勤めた。

「常任委員会を選ぶ時も、私は日々の暮らしに近いところをと考えたが、農林も水産も商工も、みなどれもこれも業界の代表者が占め、それもほとんど男性議員が占めて私の入る余地がなかった」。そこで労働委員会に所属したが、「どこにも消費者の意思が反映されるルートがない。……これはなんとかしなくちゃと真剣に考え始めた。そんな時、経済安定本部から、主婦の経済的な関心を高めるためによい知恵はないかと相談を受けた」（奥、一九八八）。一九四八年九月に主婦連を結成し「消費者運動ひとすじ」（同前）の活動を展開した。

一九四八年の時点で、働く女性は既に労働組合に組織され(9)、「婦人は青年とともに組合のもっとも戦闘的な力」であった。「家庭婦人」は占領軍民政部が社会教育課を使って、各府県で組織した(10)。「地域の有力者の夫人が指導権をにぎり、半強制的に主婦たちを加入させていた」（井上、一九六二）。奥は「主婦という責任の前に愚痴や私情を捨ててたくましく前進しましょう」（主婦連合会、一九四八b）とよびかけ、運動家として焦点を「家庭婦人」や「婦人」ではない「主婦」にあて、「おしきせ」を脱した「自発性」に訴えた。

主婦連成立当初、奥は現職参議院議員であり、活動歴としては在野での活動と政府への協力がバランスしている。また、政治的技術とシステム・リテラシー(11)など、特定的資源に対して官から期待と信頼が寄せられた理由であり、主婦の組織化に対して有形無形の資源が提供され、主婦連の結成に結びついた。物価庁の意図は、主婦を組織化して「政策浸透のエージェント」にすることであった。農林省や商工省などは、主婦連を「消費者」として前面にだして、生産者や業界に対して「官僚統制エージェント」として利用したという側面もある。

奥の政治技術は、主婦の組織を立ち上げるために開かれた「不良マッチ退治主婦大会」で最大に発揮された。奥は事前に商工省に不良マッチの抗議を行い、業者をよびつけたりするなど協力を要請している。「大会」前日には、トラックからビラをばらまいた。主婦連設立以前なので、ビラの作成、ビラやトラックの費用の出所など、官からの援助があったと推測できるが明らかではない。業者からは「トラック二台分の優良マッチ」が提供され、当日集まった「不良マッチ」をもった主婦に分配した。官のエージェントになれば資源が提供され、主婦を具体的な受益者にすることが可能であることを奥は知っていたに違いない。ここで、見過ごしてはならないのは、一方で官からの支援を受けて組織活動を開始しながら、一方でおおぜいの主婦といっしょに官庁に「おしかける」戦術で、奥独特の戦略である。

こうして、「大衆の間に波を起こし」、一〇月の正式な主婦連合会発足まで、「町角にビラをはり、トラックに乗って、朝から晩まで主婦達によびかけ続けた。……そして会場にはたいてい、野菜、医療、魚、みそなど物品配給所から二人は出席してもらった」（奥、一九八八）と精力的に組織活動を展開した。「不正な配給所」をたたいたり、末端行政組織の腐敗を暴くことは、主婦のウップンをはらし、中央の統制の甘さへに目が向けた結果になり、主婦の信頼を勝ち取ると同時に中央官庁とＧＨＱの信頼を勝ち得ることができ、爆発的な組織力を発揮した。

2 特定人的資源（2）――主婦連合会への積極的参加者

運動組織の成員を区分する考えは資源動員論の一つの特徴である。特に奥のような強力なリーダーである第一のグループの「特定的人的資源」については、伝統的に「指導者―追従者」論で語られてきた。すなわち、運動の初期にはカリスマ的な指導者を必要とし、運動組織が安定すると実務的指導者を必要とする、といわれている。また、カリスマ的な指導者に対して、積極的に参加する追従者といわゆるファン的な追従者が現れる。さらに運動が発展することにより、指導者は外部の公衆によっても支援を得るが、そのような公衆はフリー・ライダーでもある。フリー・ライダーは「直接的な受益者でありながら運動を傍観者している人々」（片桐前掲）である。主婦連の活動からいえば、主婦連の「米価引下げ運動」によって、米を買う多くの人々は直接的な受益者であるが、主婦連のデモや署名には参加しない人が少なくない。その意味からいえば、およそ全国民が米を食べている時代であったから、「米価引き下げ」を可能にする消費者団体である主婦連のフリー・ライダーの裾野は広い。

第二のグループの中でも主婦連に積極的に参加した人たちは、「地方で地味な日常活動を続けているリーダー」（金森、一九八〇）で主婦連と地域のネットワークの結節点であった。主婦連は「連合会」という名のとおり、各地に組織された「主婦の会」の連合体である。町内会などの婦人会と別組織が多いが、中には、第二次世界大戦中の婦人会や町内会婦人会をそのまま主婦連の下部組織にしたところもある(12)。

主婦連の活動には、「動員」があり、資金収集には「割当て」があった。主婦連のメンバーの中で積極的参加者に属する人々は、地域の「動員」と「割当て」を達成することで、主婦連への関与を深めていった。下部組織の運営に携わった人が本部の主婦連の運営に携わるパターンが定着し、ヒエラルヒー型の組織が形成されていった。

主婦連が三〇周年を記念して発行した文集『主婦連と私』（一九七八）の記述から、入会動機を表にまとめた。

表　主婦連合会への入会動機

	入会30年の人		入会20年の人		合　計	
	人数	%	人数	%	人数	%
奥の人柄に惹かれた（オルグ、講演会）	9	29.0	1	5.6	10	20.4
主婦連の活動を通して	3	9.7	1	5.6	4	8.1
下部組織の活動を通して	9	29.0	7	38.9	16	32.7
家族・恩師・友人の誘い	8	25.8	4	22.2	12	24.5
消費者問題への関心	0	0	3	16.6	3	6.1
その他	2	6.5	2	11.1	4	8.2
合　計	31	100.0	18	100.0	49	100.0

注　『主婦連と私』1978年をもとに大海が作成（1998年）。

文集の執筆者は、役職経験者、下部組織の重要なメンバーとして活動した人に限定されており、必ずしも具体的な入会動機が記述されていないために正確な資料とはいえないが、およその傾向をつかむことは可能である。初期の会員である入会歴三〇年組は、何らかの機会に奥むめおとの接触をもって入会しているか、下部組織の責任者として参加している。入会歴二〇年組のメンバーは奥との接触より、下部組織の活動から主婦連の役員になっている。ここに一〇年間の組織の発達の歴史が見られる。数としては少ないが、消費者問題への関心で入会した人がいるのは、一〇年間の主婦連の活動が消費者運動の実績を積んだこと、「消費者問題」が社会問題として浮上しつつあったという時代背景が見える。

主婦連の活動、たとえば、マッチ大会が入会動機として語られていないのは、(『主婦連と私』の文中では一人)、マッチ大会のようなイベントは裾野を拡げ、運動の支持者、あるいは単なる追従者を集めることはできても中心的メンバーを育てられなかったといえよう。二〇年組の若いメンバーには参加経験者の娘・嫁がいて、母親や姑から主婦連へ入会を勧められたという母娘二代にわたってのメンバーが生まれている。

もう一つの、積極的参加者を創りだす方法は、政治過程に関わる機会を提供することである。たとえば、マッチ大会でも、多くの主婦が不良マッチと優良マッチを交換すれば終わるところを「業者と係官を帰した後、席を作り直して、改めてさまざまな生活の苦情をだしあい、対策を相談して、決議文を作り、それぞれの関係官庁につきつけ」(奥、一九八八) ることによって、参加者にとって、「何だか急に自分達がえらくなったような気持ちになる」(主婦連、一九七八) というような新しい経験を仕掛けている。

政治過程への関与は、一般会員に値段や量目調査などを分担した「科学的な調査に基づく政策作り」の機会を提供する調査活動にも見られる。調査活動の目的を強化するために、一九五六年には「日用品試験室」[13]を設置した。フロの値上げ反対運動の時には、入場者を数えたり、しまい風呂に入って水質検査用のフロ水を採取するなどの資料収集に会員が参加し、「消費者としての自覚」の覚醒を運動に取り入れた。

参加者にとって政治過程への関与を深めるために重要な活動は、学習活動である。さまざまな機会に集めた主婦の声を陳情や決議として官庁に届ける。「ロビイング」を行う時には、「主婦のチエ」だけではなく、理論武装が必要でそのために、一九四九年から毎年夏に主婦大学を開き、参加者の政策形成能力を高める努力をしてきた。奥は「会員一人ひとりが何かひとつテーマをきめて深く勉強し〈主婦博士〉になりましょう」と学習目的を設定し、「そこから政府の審議会や専門委員会の委員が出るまでになった」（奥、一九八八）と、主婦大学は審議会メンバーを自分たちで育てることを意図していた。たとえば、「黄変米騒動の時には、〈お米博士〉といわれた坂井いちさんを先頭に農林省へおしかけた」（主婦連、一九七八）と記されている。坂井いちは、夏季大学や講演などを通じての学習活動によって「博士」と呼ばれるようになった。戦前には女性の大学進学者は非常に少なかったし、家庭の責任者となった主婦は「女には学問はいらない」という時代を背負っていて、「大学」とは縁が薄い人が少なくなかった。主婦連は学習機会を「主婦大学」とネーミングして学習意欲を駆り立て、「男女平等」「民主主義」の時代の新しい流れを主婦が作るという積極的な意味合いをもたせている。

調査活動・学習活動には人的資源の養成という側面と、「争点発見」の側面がある。主婦連の設立の目的であった「ヤミ撲滅」「物価安定」は豊かな時代になると目標でなくなる。指導者も「ものよこせ」（天野、一九九七）の限界を感じていたに違いない。新しい時代に必要な「争点発見」と人的資源の供給が継続的に行われたこと、そのための啓蒙的活動とともに宣伝効果が、主婦連が長期にわたって「消費者の代表」として認知されてきたカギであった。

3 小括

主婦連の組織化過程における人的資源についてまとめると、奥の知名度と卓抜した組織能力は官からの資源獲得に発揮され、カリスマ的なリーダーであった。一方参加者も単なる「追従者」ではなく、政治能力を獲得する努力を積み重ねている。奥は、資源動員論が分析するような特殊人的資源ではあったが、主婦連組織の発展の要因は奥のカリスマ性にすべてを依拠するのではなく、参加者がみずから目標を設定する主体的な関わり方をする人が数多く生まれたところにあった。特に、参加者の関わり方が政治過程に見える形で反映される機会が多かったのは、戦略的に成功した。このような「主体的な参加者」の創造は、政治的無関心層が増大する現代においても、政治参加の意義を示唆している。

奥むめおとの接触や地域組織の活動などを通して主婦連に参加した主婦は「少しでも世の中が良くなれば満足」と感じたために、「毎日主婦連に行かねばならないように」なったと語ったり、あるいは、「封建思想で育った私達は、主婦連に入ったおかげで、……今日の婦人の地位向上のために……活動しているのです」（主婦連、一九七八）と、政治参加が「主婦」の意識を変えたことを語っている。このような意識の変化のプロセスは、政治活動が触発して生まれたものである。したがって、「女性が政治という新領域に入るためには、自己イメージと諸役割の概念を再調整する」（ファー、一九八九）という、役割意識の調整が政治活動に先行すると論じたファーの主張と主婦連の参加者の政治活動と意識の変化の始まる順序が違っている。

4　費用対効果――主婦が運動に求めたもの

社会運動を説明する理論には、経済学的アプローチと心理学的アプローチがある。資源動員論は前者のアプローチを中心におきながら、オルソンが唱える「合理的選択モデル」（オルソン、一九八三）をめぐっていくつかの流れに分かれている(14)。オルソンの考え方の基礎は、組織に参加する人は費用と効果を比較衡量する、個人のレベルでも組織のレベルでも合目的性・合理性を基本的条件とするというものである。経済学的アプローチが重要視する「費用対効果」という考え方によれば、主婦が主婦連に参加する費用は「時間」で、「効果」は「物価の値下げ」とか「物資の確保」である。

主婦連の設立当時は家電製品や紙おむつがあるわけではなく、主婦が家事に費やす時間が多かったうえに、配給に並ぶなど主婦の自由裁量できる時間は少なかった。「時間」の投入に対して「効果」が上回らなければならないという考え方によれば、主婦連への参加者は「合理的な選択」をしていない。しかも、「効果」としての「物価の値下げ」や「物資の確保」は主婦連の参加者だけが得られるものではなく、フリー・ライダーでも入手できた。それなのにフリー・ライダーにならなかったのは、何か別の「効果」があったに違いない。

『主婦連と私』（主婦連、一九七八）や「主婦連たより」を手がかりにして推測できる主婦連の参加者は「戦時中から統制経済で物資に困って」（同前）いたし、「主食の配給を取るにも骨をおって」（主婦連、一九四八a）いた。しかし、当時の社会全体から見れば、日中に活動に参加できる彼女たちは家計のために働く必要がない「恵まれた主婦」(15)であったことは間違いない。だから、「安い品の充分な確保」にも関心があったが、彼女たちが求めたものは他にあった。それは彼女たちが「主婦」であったことと密接に結びついていた。

当時の主婦の状況は、敗戦の結果、新憲法が発布され、「男女同権」になり、選挙過程を通して、政治参加ができるようになった。しかし、「戦前・戦後を通じて、近代家族に固有の抑圧性」(上野、一九九四)を引きずり、家族責任をすべて引き受ける状況は変っていなかった。だから、「家族相手に愚痴をいうか、台所のすみでため息をつくよりほかなかった」(奥、一九四八)のであったが、主婦連に参加したことで、「みんなで話し合って社会の輿論として解決していく道を見つけた」(同前)のである。そこで発見した「道」こそが「効果」であり、「毎日主婦連に行かなければならないように思われてきた」と「費用」を省みずに参加するようになる。そして、「主婦連に入ったおかげで、新風が窓から入ってきたように感じ、「私は少しでも世の中がよくなれば満足だと思います」(主婦連、一九七八)という感想を語るようになっている。このような一見「効果」とは思えない効果や「コスト以上の効果」は、「女性の抑圧は一つのシステムである」というジェンダーの視点から分析されるべきで、資源動員論の主張する「合理的選択」モデルでは十分に説明できない。

主婦連の参加者の主婦連への参加動機は運動論がいう「一般的な相対的剥奪」である「物価高」や「物不足」の解消がある。そして、主婦連に参加した結果、彼女たちに見えてきたのが、主婦であるために受けているさまざまな抑圧、すなわち「特定化された剥奪」である。それが「運動への態度を規定している重要な要因」（渡邊、一九八七）となっている。

ここで考察した「特定化された剥奪」は「暮らしを楽に」（主婦連、一九七八）しようとした主婦の役割や意識に埋め込まれている。その「特定化された剥奪」は「恵まれた主婦」だけに「特定化」されていたのではなく、「恵まれない主婦」にも、「働く女性」にも、すべての女性に構造的に振り当てられている。女性という性が「暮らし」の責任者とされ、その責任は「暮らしが苦しかった」戦後の主婦連が設立されたときに限定されるわけではなく、歴史を超えて女性が担うことを期待されてきた。その意味で主婦連への参加動機はジェンダーによる「目に見えない権力構造」による「特定化された剥奪」である。

もちろん、資源動員論は「自由裁量の時間と豊かな社会がより多くの運動を生み出す」（マッカシー・ゾールド前掲）と主張するところから、「豊かな社会」とはいえない戦後間もない時代の主婦連運動の組織化過程の分析には限界がある。とはいえ、女性の運動に関してはジェンダーが分析概念として必要である、という考え方を示していることは否定できない。

5 「ものをいう主婦」は「見える存在」

主婦連については資源の源泉など批判される点(16)は少なくない。しかし、「政治活動に興しうる資源が男女間で大きく異なる」（ヴァーバら前掲）中で、労組・政党によるか、政府の協力団体となるしかなかった設立当時の状況を見逃してはならない。だから、「消費者」という看板で、政治参加の機会を得たしたたかさ、および、政治技術を蓄積しながら、政治参加に積極的にかかわる参加者を生みだしたたくましさに対して一定の評価をしたい。なぜなら、女性が政治という新領域に入るためには、さまざまなジェンダーの障壁を自分も家族も乗り越えなければならないだけでなく、社会も個人の奮闘に対応して、その行動を受け入れなければならない。主婦連設立当時の社会は、いや現在でも、女性の政治活動に対応する障壁、ジェンダーによる「見えない権力構造」は、民主主義の時代になっても堅固にそびえ立ち変化しにくい。

政治学の議論・研究や政策決定の場に「見えない存在」であった主婦連の政治活動は「見えるべき」活動であり、今に続く長い歴史をもっている。また、政治活動がもたらす内面の展開、すなわち主婦の意識が変化していく過程を明らかにして、主婦連という主婦の組織の中で参加者は政治的に「見える存在」であったことを確認した。にもかかわらず、彼女たちが政治的に「見えない存在」とされてきたのは、活動の量的・質的な低さにあったのではなく、「見える存在」にできない理由が、経済の発展や中央政府の地方政府に対する圧倒的優位性などの中に存在したといえる。

たとえば、主婦連の政治活動の展開の中でも重要なのは、GHQの政策の変化によって、「消費者」というラベルがついた「圧力団体」となり、政治の場から周辺化されたことである。「台所と政治を結ぶ」意図をもった主婦が政治の場にようやく足がかりを見つけたにもかかわらず、政治の流れによって、押し戻された形で「生産者」に対峙する「消費者」となり、政治からは「見えない存在」になった。そうして、日本経済は復興・経済成長を重視する生産者中心に偏り、情報もない、弱い消費者の自立を妨げる方向へ進んだ。このような「ものをいう主婦」が「消費者」になった過程は、「消費が本来、資本主義社会の究極的規定要因になるべきであるにも関わらず、企業はそれを隠れみのとして現実に利益獲得を直接的目的とし、消費者問題の発生の原因」(谷原、一九九〇)になる過程であった。つまり、日本の経済・社会がジェンダーによる「見えない権力構造」のより強い構築に向かう過程であったといえよう。

4 生き方を変えた女性たちの議会進出

●「生活の課題」の政治化——東京・生活者ネットワーク

高度経済成長時代に大量に専業主婦が生まれた。その多くは都市のサラリーマンの妻であった。彼女たちは家庭という私的領域に生きることを規定され、政治活動から「遠い所にいる」と思われてきた。この章では、そのような都市の主婦が「政治は生活の道具」と主張しながら政治参加した、東京・生活者ネットワークを事例に取り上げる。主婦が自ら組織化し、「生活の課題」を政治化し、地方議会議員として議会で提案していく過程を検討する。

彼女たちの展開した政治の意味を検討しながら、「生活の課題」の政治化過程において、主婦から生活者、そして「女性市民」へと意識の変容がみられる。

1　地方議会をめざす女性たち

1　女性地方議会議員の現状

女性議員は国会にも少ないが、地方議会にも少ない。二〇〇三年四月に行われた統一地方選挙で女性議員比率は七・六%になり、一九九九年の統一地方選挙直後の五・四%から見れば、明らかな伸びを示しているものの、男女が平等に代表されているという状況には程遠い。二〇〇三年の統一地方選挙における一つの大きな特徴は、「女性、過去最多（道府県議）」（「日本経済新聞」四月一四日）、「女性市議最多」（「朝日新聞」四月二九日）と報道されたように、女性が増えたことであった。確かに、市区議会の女性議員比率は全国平均で一二・二%（一九九九年、一〇・〇%）と一〇%を超えるようになっているが、町村議会は五・四%（一九九九年、四・〇%）と依然低い水準にある。

一九八〇年代以降、地方議会への女性の進出は明らかに上昇傾向にある。とりわけ、八〇年代には共産党の女性議員の地方議会への進出が目立ち、九〇年代になると無所属と公明党の伸びが明確になってきた（図参照）。

地方議会議員の女性進出に注目する理由は二つある。第一は、地方議会は「政策の質をきめる大きな力」（村松ら、一九八六）であることである。地方分権の流れの中で、たとえば、一九九九年秋には介護保険制度が施行され、地方自治体が保険主体となった。試行錯誤で始まった介護保険制度であったが利用者は急速に増えている。その現実は、地方議会は「日本政治の土台、インフラストラクチュア」（村松ら前掲）となりつつあることを物語っている。

第二は地方議会議員の女性比率の上昇傾向が見られることである。特に一九九五年の第四回世界女性会議で採択された「女性を政策決定の場に」という北京行動綱領が、女性を地方議会へ送りだす力となっている。北欧やアメリカの例では、女性国会議員比率が上昇する前に、女性地方議会議員比率が上がっている。日本で女性の地方議会議員比率が上がってきたのは、八〇年代には共産党が積極的に女性議員を地方議会に送り込んだ結果である。九〇年代に入ると無所属の女性たちが、自分たちの力で積極的に立候補したり、立候補者を支援する動きが生まれている。そのような動きの中でも、女性独自の女性を応援するバックアップ体制を作っていることは見過せない。バックアップ体制は選挙のノウハウを学ぶ講座を「政治スクール」と称して開催したり、地域のさまざまな組織を束ねて選挙用のネットワークを作るなど、多彩な活動が各地で展開されるようになり、その結果女性議員が生まれている。

図　党派別女性地方議会議員の推移

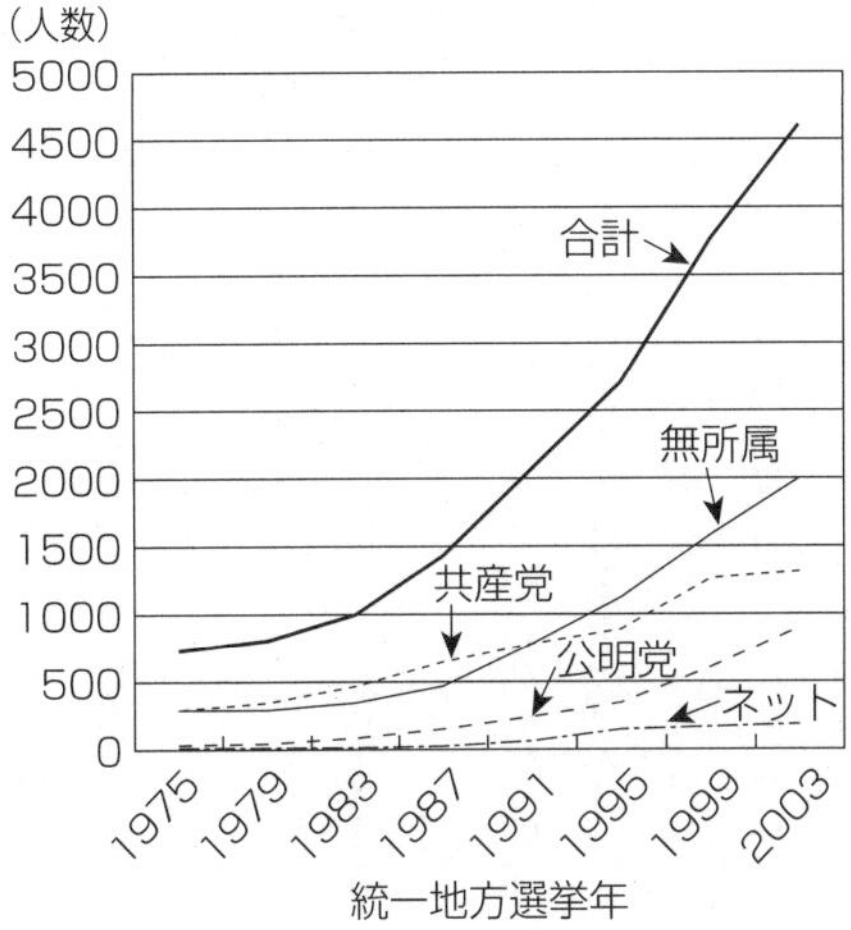

そのような女性たちは「政治的なエリートではない女性であり、自分たちのネットワークを活用して闘う」(Beckwith, 1980) 女性である。つまり、生活の場からの政治を展開している「人間としてのモラルという全体性

に根ざして運動し、職業・性・イデオロギーなどにこだわらない」（高畠、一九九八）という「市民」の定義にあてはまる女性たちで、「女性市民」とよびたい。

2　生き方を変えた女たち

選挙制度は、一方の性に偏った結果を生みだすように制定されているわけではないが、議員には女性が少ない。現実にはさまざまなジェンダーによる「見えない権力構造」が社会の仕組みの中に組み込まれている。一九九〇年代に入ってからの新しい傾向として、いわゆる「ジバン」「カンバン」「カバン」が無い女性が、地方議会に進出意欲をもつようになってきた。そのような女性たち政治参加の事例として、東京・生活者ネットワークを取り上げたい。

ここで、都市の女性の地方議会への進出の事例として、東京・生活者ネットワークを取り上げる理由を三つあげる。

第一は、東京・生活者ネットワークが八〇年代から自前の地方議会議員を「形成」した女性中心の政治団体で、無所属の女性が地方議会に進出するモデルになっていることである。参加者は日常生活の中の「生活の課題」の解決を求めて運動を展開していく過程で、地方自治体レベルの政治過程に直接参加した。彼女たちは仲間を地方議会の議員として送りだし、公の場において対案を提示していくことが運動の目的を実現するのに有効である考え、議員の「形成」を試みている。

第二は、議員の「形成」過程において、参加者の意識の変容が明確に見られることで、女性の政治参加と意識の変容を明らかにすることができる。東京・生活者ネットワークのメンバーのほとんどは専業主婦である。専業主婦は、家事・ケアワークを専業にしていて、労働市場にはほとんど参加していない。多少の賃金を得る仕事をしている場合も、夫の扶養家族の範囲内における働き方になっている。専業主婦は政策決定である公的領域から遠ざけられ、私的領域の責任を担う女性で、市場労働に参加しない女性の呼称であり、高度経済成長期に都市部に大量に生まれた。そのような専業主婦である東京・生活者ネットワークのメンバーが地方議会という公的領域である政策決定の場に参入する過程には、活動の発展の段階がいくつかあり、その活動との相互作用で意識の変容が起きている。

第三として、東京・生活者ネットワークの地方議会への進出は、身近な「生活の課題」を政治化して、地方議会の政策として提案していることである。そのような提案が、その後の地方自治体の政策に影響を与えている。

以上の三点から東京・生活者ネットワークの参加者の政治活動に注目し、都市の専業主婦が議員に「形成」される過程と参加者の意識の変容の相互作用を東京・生活者ネットワークの議員に行った調査（一九九八年四月〜一〇月に実施）(1)に基づき、明らかにする。

2　東京・生活者ネットワークの女性議員

1　東京・生活者ネットワークと生活クラブ生活協同組合

政治団体、東京生活者ネットワークは、生活クラブ生活協同組合を基盤として設立された。基盤という意味は、先ず主たるメンバーが重なっていること、次に目的・理念を共有していること、そして、立ち上がったばかりの東京・生活者ネットワークは経済的・人的支援を生活クラブ生活協同組合から受けてきた、などの実態をさす。そのために、東京・生活者ネットワークの具体的な活動について論じる前に、生活クラブ生活協同組合の目的や理念、歴史、仕組み、活動などについて明らかにしておく。

1　生活クラブ生活協同組合の設立過程　生活クラブ生活協同組合（以下、「生活クラブ」とする）は、一九六八年に東京都世田谷区に設立された、牛乳の共同購入からスタートした生活協同組合である。

生活クラブの創始者は、六〇年安保闘争に挫折した若い男性、岩根邦雄である。彼は安保闘争の激突があった国会デモから三週間後に社会党に入党している政治活動家である（岩根、一九九三）。岩根はいわゆる「安保党員」とよばれる安保闘争を機会に社会党に入党した多くの若者の一人であった（その時、岩根は二八歳、既婚、職業はカメラマンであった）。彼は、これまで労働運動と既成政党が組織できなかった地域住民の組織を作ることをめざしていたが、同時に、運動の経済的基盤作りを模索した。

「地域住民の組織」を作るという理想を岩根は掲げたが、岩根は夫婦ともに地方出身者（京都と山形）で、当時住んでいた世田谷区の畑の中の住宅地には組織を作るためのあしがかりを何ももっていなかった。「市民社会のあらゆる場所において、勤労者のヘゲモニーを確立し、資本主義の構造を改革していく、政治的、経済的、文化的ヘゲモニーの奪取」（岩根、一九七八）をめざした運動を生みだすため、岩根が日常の活動として取り組んだのは原水爆禁止の署名運動で、次に考えたのが牛乳の共同購入であった。どちらも妻の志津子が、パート社員として勤めることで、運動を夢見ている夫との生活の経済を支えながら、一軒一軒家庭訪問をして賛同者を集めた。そうやって、一九六五年約二〇〇人で市価より三円安い一五円の牛乳の共同購入が実現したことがきっかけで、地域の主婦の組織化が始まり、一九六八年に生活協同組合として発足した。

「（この運動が）今までの左翼運動と質を異にしていることは、牛乳の集団飲用という経済行為を行なったことである。当時の左翼運動は、必要な資金はカンパを募ることによって集めていた。これでは持続的で自律的な運動をやれるわけがない。構造として何も生み出さない。自分達にとって必要な資金は自分達で生み出す構造をつくったことは、本質的な問題である」（岩根、一九九三）と岩根が述べているように、彼は運動の経済的資源を確保するために牛乳や生活物資の共同購入をする組織である生活協同組合を設立した。

当時、牛乳は核家族の食生活の西欧化、電化ブームによる冷蔵庫の普及とともに消費量が著しく伸びていた。また、そのころ牛乳はガラスビンで出荷されていたので、牛乳の出荷ビンの回収が岩根と生活クラブ組合員との双方的なコミュニケーションの道具となった。牛乳を配達するときに牛乳と一緒に岩根のメッセージや活動情報を送り出し、空きビンの回収時には、組合員の意見や要望などを回収できたのである（成富、一九八八）。

より安い品物を求める主婦の利益、すなわち生活防衛をする消費者の利益と、社会運動のスタートである地域の組織化と、同時に、運動の資金を確保しようとする創始者岩根の考えが「牛乳」によって架橋された。とはいえ「計算上も取り扱い本数が二〇〇〇本以上にふえないと黒字にはならなかった」（岩根、一九七八）ために、配達をする岩根の妻や運動意欲に燃えた一八歳の青年河野栄次（後に生活クラブ理事長）、そして徒手空拳であった活動家の岩根の苦労は大きかった。岩根が「商品を安く買う」という行為が「資本主義社会における消費行為そのものを問う」（成富前掲）ことであるとメッセージを送り続けても主婦が「主体的な消費者」をめざして生活協同組合の発起人会がたちあげるまでに二年、設立総会を開くまでに三年かかった(2)。

岩根は地域の組織化を意図しながら、社会党の党員として活動していた。そして、社会主義青年同盟の世田谷支部長として、一九六三年の統一地方選挙で区議会議員選挙に立候補した。資金や知名度のない身で選挙運動を展開し、落選した(3)。四年後の一九六七年には、前回の選挙に落選した雪辱を「私の流儀で選挙を戦おう」と岩根は適当な候補者を探した。結局、岩根の眼鏡に合う候補者がいなかったので、岩根は妻に「おまえが出ろ」といい渡し、妻はしぶしぶながら受けて候補者になった。

岩根志津子は一九六二年に社会党に入党していたが、運動に夢を賭けている夫が「働かないでいることに疑問をむけたり、不平がましいことは一度もいわない」（岩根、一九七八）妻で、生活費を稼ぎ、原水爆反対の署名集めなどの日常の活動、岩根の選挙活動、牛乳の共同購入への加入の勧誘などで、時間をみつけて地域を一人でこつこつ歩いて「オルグ」していた。志津子の日頃の活動そのものが、いわば選挙活動であった。さらに、美濃部ブームにのった形で一九六七年の世田谷区議会議員選挙で岩根志津子はトップ当選した。

岩根が選挙参謀に徹した選挙で妻が当選した経験は、生協作りでも、後の「代理人運動」でも「主婦を主役に」という岩根のさまざまな実践計画の基本になった。また、任期制（ローテーション）を考えたのには、岩根志津子が二期で区議会を降りたことに関係していると考えられる(4)。

2 生活クラブ生活協同組合の仕組み

運動の経済的基盤としての生活クラブの目的は、安全な食品を安く手に入れための経済活動である。生活クラブには他の生協にない三つの特徴がある。その第一は、店舗をもたないこと、第二は「班活動」、第三は一月前の予約による注文生産である。

第一の特徴の店舗をもたないということは「品揃えの必要がなく」（岩根、一九七八）、在庫を置いておく必要がない、ということである。また、店の維持費、従業員経費などのコストを生みだすために活動が規定されることもない、というメリットがある。

第二の特徴の「班活動」というのは、生活クラブの一番下部にあたる組織で、五・六人から一〇人前後のグループをいう。「班」は先ず、生活クラブの物流の拠点となる。一カ月前に予約注文した消費材（共同購入をする生活物資のこと）が、毎週一回（牛乳だけは二回）、一人ひとりのところに配達されるのではなく、班の当番（最低一カ月以上固定する）にまとめて配達される。「班」の仲間はまとめて配達される消費材を各自の予約によって分け合う。消費材は大きな箱又はケースで班へ一括して配送されるので、無駄な包装でごみをだすことはないし、再利用できるものは必ず行うなど、流通コストが節約できる。また、物流の拠点の役目である「班」は、組合員の自主性を養う場でもあり、社会運動に不可欠なコミュニケーションと組合員同士の結束を強める働きをしている。

第三の特徴である一カ月前の予約による注文生産であるのために、注文する組合員は各自の消費を計画的に考える。注文が一カ月前に行われるので、生産者は予約量だけ生産・出荷ができる。従って、じっくり、計画的に生産に取り組み(5)、良質・新鮮なものを供給できる(6)うえに、在庫コストを極小化できる（二〇〇〇年に入る頃から、月二回の注文になっている）。

このような特徴をもった「班別予約共同購入システム」は生産・消費・廃棄までトータルにコストの引き下げと環境への配慮を可能にした。生活クラブは組合員数二六万人、出資金二〇九億円、年間の売上高（供給高という）は七三一億円（二〇〇四年三月三一日）の中堅の生活協同組合である。

生活クラブに加入した組合員は、一カ月に一度の予約購買制度に合わせるために、計画的な消費生活をするようになる。消費量の把握、品物の値段と家計の調整などから、合理的な生活の見直しが行われる。生活クラブへの加入は消費者としての経済行為であったが、同時に個人または所帯の消費生活の見直しと、市場に流通する商品が本当に自分の欲しいものなのか、その安全性や必要性を疑うことであり、消費と生産のあり方、そして流通や廃棄までを考えるようになる。

その結果、経済行為として商品（生活クラブでは消費材とよぶ）を買い、活動に参加していると、生活クラブとの関係が単に経済行為だけでつながるのではなく、多様な活動に主体的にかかわる自己実現の場となっていく。

たとえば、「商品が大量生産、大量消費の、消費するものの意志とは無関係なところで生産される独占資本主義段階において、私たちは生産、交換、分配の構造にして、消費する立場からそれに挑戦し、介入するにはどうすればいいのだろうか」（岩根、一九七八）という岩根のメッセージは多様な活動の一つである生産者との提携を組合員に促す。組合員は大量生産、大量消費の流れに乗らない。そして、生産者と「顔の見える関係」を構築するために、一次産業の生産者との同盟を結ぶ。その意味は、単に農薬は使わない、ビニールハウスの野菜はダメという消費者の要求だけを通そうとするのではなく、「生産者と消費者が農業を再建するために互いに力を合わせる」（岩根、一九七八）という活動として、組合員は夏になると米の生産地で草取りを手伝うために子ども連れで出かけて行ったり、土地の改良のために、後に述べる石けん使用運動を米の生産者の農村において展開した。

農家や生産者が生産したものは全部生活クラブが引き取るという契約によって、生産者は作況を心配することなく、いいものや安全な食べ物にこだわり続けることができる。組合員は注文より生産が足りない場合は分かち合い、多いものは組員を増やしたり、食べ方を工夫して消費するように組合員同志で年間の生産量と消費量の調整をしていく。

牛乳や卵のように消費量が多く生産者の提携先が見つからなければ、自前の工場を建設する。大量生産・大量消費や効率を優先する資本主義への対抗としての消費のあり方を実践的に展開するようになると、組合員は、「安全で安い品物を毎月買う」という意識の「一般的組合員」と「目的を共有して、活動の主体となる役員を引き受ける層」とに二分化される(7)。生活クラブの日常活動は、自分と社会についての問題を意識したり、班などの身の回りの人たちと話し合い、その問題を共有して非政治的な活動として展開される。しかし、岩根の生活協同組合設立の意図は当初から、政治活動にあった。彼の思いは組合員へのメッセージとして毎月発行する機関誌に「生活と自治」と名付けたことからも知ることができる。彼は社会運動体である生活協同組合の組合員に政治的な記事を毎号へ書き送った。岩根が送りだしたメッセージは多岐にわたるが、その基本は「生き方を変えよう」というもので、それに応えた組合員が活動家となっていった。

2　東京・生活者ネットワークの政治活動

政治団体、東京・生活者ネットワークは、一九七七年に「新しい町づくりをめざすグループ・生活者」という名称で設立された組織で、一九八八年に東京・生活者ネットワークと発展的に改名した。メンバーのほとんどは生活クラブのメンバーであるが、新たに政治団体を設立した理由は、消費生活協同組合法第二条二項「消費生活協同組合及び消費生活協同組合連合会は、これを特定の政党のために利用してはならない」という規定によって、生活協同組合は政治活動を禁じられているからである。

生活クラブが政治団体を設立して、政治過程に参入したのは、生活クラブの運動の理念や目的を政治によって解決することをめざしたからである。生活クラブの運動の理念・目的を政治によって解決するために、自前の議員が必要であることが話し合われ、議員を「形成」することになり、政治団体、東京・生活者ネットワークが設立された。

東京・生活者ネットワーク（以下、「ネット」とする）は、一九七七年、生活クラブの創始者岩根邦雄によって提案された政治活動団体で、その活動の中心は運動の目的を選挙で選出された議員によって議会提案をし、地方公共団体の政策として解決するところにある。従って、議員を「形成」することはこの運動の重要な柱である。そして、「形成」された議員を組織では「代理人」とよぶ所から、ネットの組織内では政治活動全体を「代理人運動」という。

代理人運動の基本は、

①生活に根ざした政策をつくる

②情報の公開

③政治資金をオープンにする

の三つである（東京・生活者ネット、一九九八）。

ネットが政治活動をして最初に取り組んだのは、一九七七年の練馬区の東京都議会議員選挙であった。この時は議席獲得にはならなかった。そして、一九七九年には練馬区議会議員を一人誕生させ、以後、一九八三年には六人、一九八七年には一三人、一九九一年には三〇人、一九九五年には四九人、一九九九年には五七人と統一地方選挙のたびに東京都内の区・市と都議会議員を増やしてきた。

二〇〇三年の統一地方選挙が終わった時点で、生活クラブを基盤にした政治団体[8]の女性議員は全国で一四九人で、全国の女性地方議会議員二六九六人の四・〇%を占めるようになり、女性議員比率を引き上げている。ネットの議員は、政党がそれまでまったく関心を示さなかった、主婦の日常の体験から生まれる課題である食品の安全、環境、福祉を中心テーマとして政治に直接参加した。議員となった人たちはすべて、ネットのメンバーであり、生活クラブの組合員であり、その前歴はほとんどが専業主婦である。

ネットが地方議会議員の「形成」に成功してきたのは、現実政治や政策課題の変化、市民／住民運動の興隆、環境問題の浮上などの政治的背景、日常の生活の責任者である女性の役割を資源とすることが可能になったなどの機会の到来という前提があった。そのような前提に加え、ネットのもっている六つの特徴が政治団体として有権者の信頼を得られたことが議員の「形成」を可能にした。

ネットの第一の特徴は、フォーマルな政治過程への直接的な参加、すなわち地方議会議員の「形成」である。これまで女性の政治活動は圧力団体としてのデモやロビー活動などの活動が中心であったのに対して、ネットは自らの組織のメンバーを議員として「形成」するために選挙活動を展開し、議席を得て、議会における発言権を確保した。議員を「形成」するための選挙活動は、ネットの政治活動の重要な柱の一つである。

第二の特徴は、ネットは地方自治体の政治にその活動を限定している。自らを「ローカルパーティー」[9]と称して、地域から政治を変えていくという意欲を表している。これまで女性団体が展開してきたデモやロビー活動は国政への直接アプローチを試みるものが多かったが、ネットでは国政への意見は地

表1　主婦連合会と東京・生活者ネットワークの比較

	主婦連合会	東京・生活者ネットワーク
設立年代	1948年	1977年（当初は「グループ・生活者」）
組織形態	ヒエラルヒー型	ネットワーク型
組織内の決定過程	トップダウン	ボトムアップ
組織	全国規模	限定された地域（東京）
リーダー	奥むめお	運営委員会
キーワード	賢い消費者	自立する市民としての生活
中心的政治的行動	集会、デモ、ロビー活動	地方議会での議員による提案
政治活動への参入テーマ	不良マッチ、物価問題	せっけん運動、リサイクル、水問題
運動のスタイル	コーポラティズム的圧力団体	市民参加型の「新しい社会運動」
現勢	391団体、個人550人（1994年現在）	1,194人（1997年現在）
参加者	主婦	主婦
組織への参加動機	奥との接触、支部活動など	生活クラブ生協の活動
国会議員	1（奥＝参議院）	0
地方議会議員	8（1951年）主婦連推薦	63（2004年）、全国149（2003年）
審議会（国）	米価審議会（1949年）を初めとして、委員会も含めた61年までに地方を含め29	0
審議会・協議会（地方）	東京都浴場問題協議会 宅地建物取引業審議会等	×（政治団体であるため）
会費	1948年50円 1998年〈団体〉33,000円、〈個人〉550円	1998年、地域ネットに支払う〈個人〉年会費6,500円の内200円が東京・ネットへ
財政規模	1996年1,700万円	約9,700万円（調査費、地

	〈団体〉33,000円×391＋〈個人〉550円×6,500人）	域ネット分は含まず）
事務所	設立当初は大蔵省の物置、置、1956年に自前ビル「主婦会館」竣功	設立当初は生活クラブ関係建物、現在は貸ビルの2室

注　主婦連については、市川房枝記念会『全国版女性団体名簿』1994、『主婦連たより』1号-101号（1948年12月-1957年10月）、奥むめお、1988、主婦連合会、1963・1973、勝部三枝子、1967、君塚、1979。

東京・生活者ネットワークについては、東京・生活者ネットワーク事務局長塩田三恵子へのインタビュー（1998年2月9日、東京・生活者ネットワーク事務所にて）などをもとに大海が作成（2004年）。

方自治体の意思として意見書、あるいはネットが組織として政党に申し入れるなどの形で提案する。

議員になったメンバーは地方議会という公の場で、これまで政策として扱われてこなかった日常の生活体験に根ざした課題とその解決を政策として提案する。彼女たちの提案が議会で賛同を得られれば、予算的裏づけを得て、公権力によって目的を実現できるようになる。

第三の特徴は、被選挙権を誰もが行使できることを具体的に示したことである。本来、被選挙権は一定の年齢になっていれば、誰でも、議員になる権利として保障されているのだが、実際には違う。俗に「ジバン・カンバン・カバン」といわれるように、選挙には政党の支援、地元の人的関係、知名度、資金が必要とされている。従って、歴史的に社会・経済的資源が少ない女性には、障壁が高く、結果として被選挙権を行使できないでいる。つまり制度としての被選挙権が男女ともに保障されていても、実態としてはジェンダーによる「見えない権力構造」が存在し、その作用が女性被選挙権の行使をさまたげ、女性議員比率が低い結果になっている。

ネットは自分たちの組織の中では地方議会議員を「代理人」とよぶ。ネットは地域に生きる人たちとともに自分らしく暮らせる「まちづくり」を目的に組織を設立したので、メンバーは全員組織の中の役割として、地域とのつながりを発展させながら、政治活動を展開する。選挙で「形成」された議員はネットの中の一つの役割である議会の担当者であり、メンバー全員と地域の住民の「代理人」として議場で提案をする。これが議員を「代理人」とよぶ由縁である。同時に、議員という公職に付随するさまざまな権力、あるいは影響力を一人の人間のものとしないで、権力の拒否、権力の共有という意味を込めて「代理人」とよんでいる。

「代理人」という言葉で表される運動の理念はネットの基本的ルールの一つ、「ローテーション」制度に明確に表れている。「ローテーション」とは、議員を最長三期（地域によっては二期まで）勤めたら交代する、というルールである。長くても四期目には新人と交代し、立候補しないのである。「ローテーション」の目的は、議員として権力をもたない、あるいは議員職に権力をもたせようとする仕組みへの抵抗とアマチュア精神の維持である。議員職にはアマチュア精神と相反するいろいろな権力が付随する仕組みが構造的にある。議員の在職期間が長期化するということは、権力に慣れてしまうことが危惧される。また、議員経験を積むと政治的技術や制度に関する知識の習熟は可能になるが、個人的に興味のある政治目的をもつようになり、「代理人」であること、すなわち組織の議会担当という意識が薄れ、運動体としてメンバーと共通の目的をもてなくなる。さらに、できるだけ多くのメンバーが議員経験を分担して、政治的知識・技術と経験を組織内に共有化し、いつでも、誰もが議員として選ばれる権利をもっていることを具体的な形で社会に訴えることができる。だから、選挙は個人が行うのではなくネットという組織が人的、財政的資源の保障をしている。

ネットの第四の特徴は、「歳費管理」という運動資金の調達方法である。ネットは参加者のほとんどが女性、しかも大多数は専業主婦である。専業主婦というのは夫の扶養家族であって、家計の責任はもっているが、自分が自由にできる金はあまりもっていない。そうなると、政治団体の組織の運営や選挙に投入する費用を会費に頼る組織内資金調達では限界がある。選挙や政治活動を展開する資金は、支持者からのカンパという伝統的な調達方法では不安定であるうえに十分ではない。そこでネットは独特の「歳費管理」という方法を編みだした。

具体的には、議員である代理人は議員としての歳費を全額ネットへ寄付する。そして、ネットとの間に「代理人契約」を結び、運動の目的の遂行を議会において、また、地域において行う報酬として、議員報酬の額に関係なく、年間二八〇万円を「代理人報酬」としてネットから受け取る。自治体から支払われる代理人の歳費と代理人報酬の差額はネットの事務局費用、組織活動費や次の選挙への資金となる。この制度は一般に財政が厳しいといわれる市民運動組織、女性が中心の組織であるネットの財政を賄うことを可能にしている。

第五の特徴は、政治活動を生活クラブと提携しながら行っていることである。

生活クラブの組織は、選挙にあたっては基礎票と考えられる。一般に基礎票という意味は、必ず支持することが期待できる票数で、選挙に取り組むときに、その票数がすでに当選ラインにあれば「楽な選挙」

であるが、当選ラインとかけ離れたものであれば「苦しい選挙」となる。生活クラブはネットの候補者を支援することを組織が決定するが、組合員は個人として支持を決めて（組織からの強制力はない）、ネットへの協力の度合いも自分で決める。ネットの選挙はメンバーが生活クラブの組合員の支持を確認して「基礎票」として支持を固めるところから始まる。

そこで、生活クラブの組合員がネットの候補者の支持を表明して「基礎票」となった場合には、家族、友人、隣人、知人などを紹介してほしいと依頼する。周囲の人を紹介することは相手に日頃の活動や選挙活動を理解してもらわなければならないので、紹介をだした人は「固い支持」と見なされる。そして、新たに紹介がだされた場合には、候補者あるいは選挙運動員が直接会って、運動や政策についてきちんと話し、理解を得るように務める。そこで、支持を得られた場合にはまた、次の紹介者をだしてもらう、というように人間関係を利用して支持者を増やしていく。このような選挙活動は人間関係による信頼を基盤にしているので、票読みが確実で、多くの場合、実際の票とあまりかけ離れない結果になる。つまり、ネットの選挙は生活クラブの組合員とその知人・友人のネットワークが支持基盤で、すなわちジバンである。そのような方式で支持者の数を伸ばしていくことが「支持拡大」で、組合員の支持からスタートするのであるから、組合員は重要な「基礎票」といえよう。

生活クラブの組合員がネットを支援した場合には、「基礎票」となるだけでなく、選挙活動のボランティアの供給源となる。ネットは政治団体で、社会運動団体である生活クラブの活動の中で共有されてきた日常の「生活の課題」を政治的に解決しようとして設立された。生活クラブは他団体であるが、課題を共有して、候補者も選挙運動員も、東京のネットのメンバー約一〇〇〇人と生活クラブの組合員約五〇、〇〇〇人の中の仲間から探しだす。候補者は二つの組織の活動経験者の中からリクルートし、協議され、本人と話し合って決定される。

最後に、ネットの特徴の第六として、政策形成過程に地域住民との提携を試みていることである。ネットは毎年、広く「一言提案」として地域住民からの提案を集める。地域住民の意見・発想に基づき、プロジェクトチームなどを作って調査を行う。ネットのメンバーは地域に住んでいる多くの人々の意見を聞きながら、行政との連係を保ちつつ政策にしていく。このような政策課程は地域住民を単に行政サービスを受けるだけの従属的な存在から、行政を使いこなすという新たな関係に変えていく。

地方自治体の仕事は「サービスと規制」（村松ら前掲）であるが、住民は限りなく、行政にサービスを要求する。その結果、財政負担が大きくなり、行政組織の肥大化が起きるなどの問題がでてくる。ネットは行政サービスの受け手である住民の責任と行政の責任を明確にし、サービスの見直しやサービスの主体を行政に限定しないで、NPOなどを含めて、サービスを十分に確保することが住民にとって一番重要である、と主張している。そのために、これまで、政治に声をだせないできた地域で生活している住民からの声を反映した政策作りをめざして、「一言提案」を集めてきたのである。

3　「活動・専業主婦」の誕生

国広陽子は専業主婦を「家族の生命の生産および再生産のためにする家事労働の主要な担い手として自明視される女性」（国広、一九九五）と定義している。最近の「女性と年金」などの議論からみると、専業主婦の定義には「既婚女性で、税制、社会保障制度上は、夫の扶養家族である人」と付け加えたい。専業主婦を議論する場合には、歴史的な制約と理論の不在という二つの制約がある。

まず、歴史的な制約では、専業主婦の誕生は都市化、工業化の過程で生まれた。とりわけ、日本の高度経済成長期には、効率のよい男性労働者の長時間労働、年功序列、世帯賃金制度などが企業戦略として定着した。同時に進行した都市化、核家族化が一九七〇年ころから都市部に専業主婦を大量に生みだした。生活クラブの創始者が主婦を組織化することをめざした時期は、まさにこの時期で、家族の世話をするために職場から離れた女性が主婦として専業化した時期であった。電化製品による家事の省力化は、「再生産労働だけで一日が飽和しないだけの時間的余裕を持つようになった主婦、すなわち現代主婦」（瀬地山、一九九六）が増加した時代であった。

一九五五年に始まった「主婦論争」は主婦も職業をもつべきという論者と、家庭の仕事や子育ては大切であるから、主婦も立派に仕事をしている、という論者に分かれて、議論が沸騰した。この論争は第三次まで続いたが、それぞれの主張には、現在も通用する論点がある。論争から五〇年たっているが女性の経済的自立への障害が多く、その目的を果たしている女性は多くはない。税制や社会保障制度が女性の働き方を規定し、育児や介護の社会化はなかなか進まない現在の状況は、主婦論争で提起された問題が未だに解決されていないことを物語っている。

女性の労働力人口は一九七五年を底に上昇した。そして一九八五年には、主婦の五〇％以上が就業している。ということは専業主婦が減ったことを意味する。そしていずれは「専業主婦は消える存在」(末包、一九九四)である。

九〇年代にネットの代理人になった人たちは、七〇年代から八〇年代にかけて結婚・出産を期に専業主婦となった。そして、再就職しないで専業主婦のままであり続けた。それは、「働かなくてもいい」環境であったことが専業主婦であり続けることができた第一の条件であったが、生活クラブと出会ったことで、自分が生きる実感を大事にできる場を獲得したからである。生活クラブの活動家は「活動が人間の条件」(10)(アレント、一九九四)であるとか、「新しい社会運動」(11)という理論がどのように自分の活動と結びつくのかについて深い知識はもたなくても、課題を肌で感じ、実践を通して、社会参加をしてきた。

芝実生子はそのような主婦を「活動・専業主婦」(芝、一九八六)と呼ぶ。芝の定義する「活動・専業主婦」は「夫の扶養家族」であるために、自分が良き妻、良き母であろうとすればするほど性別役割規範を強くもち、夫は家族を支配し、妻は夫に依存し互いの自立を阻んでいく。さらには、子どもに対してもその規範の再生産を強制するという加害性の負の部分を承知のうえで、活動を展開する主婦である(同前)。「夫の扶養家族」である加害性は個人に責任があるとばかりいえない。とはいえ、「夫の扶養家族」でなければ生活クラブの活動家のような「活動・専業主婦」にはなれない。活動するためには専業主婦でいなければならず、「加害性」をもつのだ。代理人は自分が活動に積極的にかかわることに価値をおいてきたために、主婦の存在の矛盾には代理人になるまで、必ずしも気づいていなかった。

生活クラブの創始者、岩根邦雄の周囲にいた主婦は、夫の収入によってある程度の生活が保障されていたからという理由だけではなく、性別役割規範を当然と受け止め、家事に専念することは当たり前だと思わされた「フェミニズムのなかった」時代に生きていた。父親の扶養家族から夫の扶養家族に移行することが女性の生き方の時代であった。独身時代に働いた経験があっても、結婚後に働き続けられる職場はあまりなかった。仮に働くにしても、余りにも人間的でない労働や余りにも安い労働条件しか提示されないうえに、家事と仕事の二重の負担を引き受けなければならなかった。そこまでしても、仕事によって「たえず外界との接触によって、精神を刺激され知的な新陳代謝をうけ」(「石垣綾子の主張」上野、一九八二)ることが可能になるとは限らなかった。

一方、結婚しても「働く女性」であり続けた、あるいは「働かなければならない女性」は決して少なくなかった。彼女たちは「主婦であることと、労働者であることの二役を求められ」(上野前掲)た。岩根の周囲にいた主婦は、仕事よりむしろ家事労働の質を上げ、節約をするために努力することが自分の務めであると認識していた。

もう一つの制約は、なぜ、女性が家事を担い、男性が経済を担うのかという主婦の存在を明らかにする理論の長い不在である。日本における女性学の最初の学会というべき国際女性学会は、一九七八年に開かれた。その時のテーマが「主婦」であったことに象徴されるように、主婦の置かれた位置づけ、主婦の抱える問題は、大量の「専業主婦」の出現より後になってからフェミニストの研究者によって解明されたのである。理論が主婦を分析するようになる頃には、主婦をめぐる現実は余りにも急速に変化する部分と、いつまでも変わらない部分とが混在するようになっていた。その頃に現れた「主婦理論」は現実への対応の戦略や戦術への力にはなり切れなかった。

「主婦という存在をどのように把握すべきかは、現代フェミニズム理論の根幹の一つ」（木本、一九九五）で、家事労働に従事する女性を生産関係で理論づける、あるいは、家父長制によって理論展開をする、または、資本主義の発展による国際的分業システムの中に位置づける（ミース、一九九七）などの試みが重ねられてきた。

フェミニズム理論にもさまざまな流れがあるが、どの流れからも、主婦、とりわけ専業主婦がジェンダーによる「目に見えない権力構造」の作用の結果、近代的な性別役割分業を現実的に支えていると指摘された。しかし、その構造をどのように揺るがしていくのかについてのフェミニストの理論は、「人間の生活には、働くことも生活することもともに同時に確保される必要があることを認め、生産から疎外された専業主婦の痛みと生産へと疎外された有職女性の、さらに男性の痛みもともに分かち合うことができるよう」（上野前掲）にと、目的は明らかにしたが、その戦略は、「男性はもっと地域に、女性はもっと仕事を」（同前）というもので、具体的な戦術を示してはいない。

そのような状況の中で、一九六八年の生活クラブ設立に加わったり、一〇年後にネットを作ろうとした専業主婦は、高度成長期を生き抜いて、生活の安定は少し見えてきたものの、自分たちが「なにかしなくては」という思いをもって生きていた。彼女たちの選択は「仕事」ではなかった。なぜなら、長時間労働の夫を支え、「フロ、メシ、ネル」に対応しなければならなかったうえに、子どもの養育と教育の責任をもち、時には老親の介護を一手に引き受けていた。しかも、仕事を探せば、自分の能力やプライドをみたすような種類の仕事はないうえに、家事と仕事という二重の負担という罠が余りにもあからさまに存在していた。

彼女たちの選択は生活の質を高める実践活動に向かった。生活の質を高めることを、目的とした実践活動はジェンダーによる「見えない権力構造」を揺るがす可能性をもっていたとしても、そこに到達するには長い時間を必要として、初めから展望できるものではなかった。生活クラブに加入した専業主婦たちは、PTAなどの地域の活動にも参加したが、本当に納得できるものに出会わないまま、家庭にいた(12)。その時に、「共同購入によって、市価より安い牛乳を飲みましょう」という呼びかけが届いたのである。呼びかけた岩根は、現代社会のおける専業主婦の位置づけに気がついていたのではない。彼が、主婦を組織化しようと決意したのは、「地域に青年も労働者も存在せず、自分の話を聞いてくれたのは家庭にいた専業主婦だけであったからだ」(岩根、一九七八)。岩根はなんとなく不満をもちながら地域にバラバラに生きていた(13)専業主婦を家庭から引きだし、組織化に成功し、主婦の能力を引きだす仕掛けを次々に繰りだした。それらの仕掛けはすべて岩根が創ったものではないが、設立当初は岩根の提案が組織全体の活動方針となっていた。

4 「生活の課題」の政治化過程

女性は「生活のプロ」として、日々の生活の中にひそむさまざまな「生活の課題」に目が向く。たとえば、生活クラブが八〇年代に取り組んだ「食の安全」や、ごみのリサイクル、あるいは合成洗剤のボイコットである石けん使用などは、自分と家族の生活を守る主婦としての体験から生まれてきた。そのような「生活の課題」の解決を試みるために政策として提案していく過程を紹介する。

1 石けん運動の政治化過程

生活クラブは一九七七年、練馬区で「石けん運動」を展開することを東京都議会議員選挙の戦術とした。「石けん運動」とは合成洗剤ボイコットと廃油から作った石けんの使用拡大運動である。

生活クラブが一番こだわる食物の安全の問題をつきつめていくと、食物を育てる土や水そして命の問題につながる(14)。「水に分解しない合成洗剤から、水に解ける石けんに切り替えよう」とよびかけた生活クラブの組合員の多くは、当時派手に売りだされていた合成洗剤による手あれやアトピー性の皮膚炎を自分や子どもが経験していた。台所や洗濯に使っていた合成洗剤を石けんにかえると、ひどい手あれの炎症が直ったり、合成洗剤で洗った下着でかゆみがとまらなかった子どもの皮膚が落ち着いて、かゆみを訴えなくなった。その経験が、安易に宣伝に踊らされて合成洗剤を使っていた自分の暮らしを見詰め直すきっかけとなった。家族のために一生懸命洗濯をして、宣伝の通りに「真っ白な」シャツや下着を用意する専業主婦としての生活が、実は家族や自分の皮膚を傷めていることを知ったのである。同時に合成洗剤は水に分解しない石油を原料としているために、命の源の水を汚染するという現実に目が向けられたのである。

合成洗剤から石けんに切り替えると、なにかと手間がかかる。たとえば、合成洗剤に必ず入っている蛍光剤は石けんには入っていない。そのため石けんで洗濯し続けると、綿のシャツは自然に黒ずむので、酸素系の漂白剤で漂白しなければならないし、洗濯機に残る石けんカスを取る作業をしなければならない。しかし、時間を自分で管理することのできる専業主婦である生活クラブの組合員にとっては、シャツの漂白や洗濯機の掃除は小さな手間であった。それより、「水に溶けやすく、便利で美しく仕上がる」合成洗剤を拒否することが「自分の生活を守る」ためにはもっと必要で重要なことと認識するようになった。

身近かには合成洗剤の泡があふれる川が流れ、その水を水道の原水として飲む日々の暮らしのシステムに不安を感じた。そして、これまで川を汚染するような公害は企業が加害者と思い込んできたのであるが、合成洗剤のように、日々自分が使っている品物とそれを使う暮し方が環境に対する加害行為であることがわかったのである。さらに、合成洗剤の生産はエネルギー政策が石炭から石油に切り替えられたために飛躍的に伸びたという政治的商品であること、石油の分解過程で産出するすべての物質を有効利用するために合成洗剤が商品として作られたこと、すなわち、合成洗剤は石油を効率的に有効利用するという点で経済と密接につながっていることなどを手荒れの経験者や石けんを使っている仲間で学び、自分の生活と政治の関わりや位置関係を知るようになる。「手にやさしい」と派手なコマーシャルに巨額の金を注ぐ企業社会のあり方にも目が向くようになっていった(15)。

「加害者であることをやめよう」と、合成洗剤のボイコットと石けん利用の拡大の訴えは、まず生活クラブの中に広がった。しかし、合成洗剤によって汚染された川の水は生活クラブの組合員だけが石けんを使っただけでは元に戻らない。近所の人に石けんの使用をひろめようと地域の人々に訴えるようになった。そして「石けんキャラバン」が結成され、近所に石けん使用をよびかけながら、街頭宣伝をしたり、一軒一軒家を訪ね、自分たちが確かめた石けんの安全性と合成洗剤の危険性を説明するなど、活動は地域に広がっていった。

生活クラブの組合員は、石けんを使う運動をさらに広げようと、公共施設や給食施設での石けん利用推進を行政と交渉し、請願し、委員会での主旨説明などの政治経験を重ねた。「石けん」を通して、「くらし方を考え直」した組合員は、行政に働きかけてもラチが明かない、議員は話を聞いてくれないなどの政治の壁にぶつかった。「それなら仲間を議員にしよう」と議員の「形成」が話し合われ、選挙活動への取り組みを開始した。地域で石けんの利用に賛同してくれた人に今度は、石けんを公共施設で使用するという政策を訴えるために、「政治の場」へ仲間を議員として送りだすことを依頼するようになった。

石けん利用の直接的な目的は「合成洗剤追放」で、市場の合成洗剤の危険性を多くの人に訴えることである。しかし、もっと重要なのは生産と流通が重視されるあまり、廃棄については考慮されていないということで、合成洗剤は水俣や新潟・富山のイタイイタイ病と同じ企業原理と製品サイクルの構造をもっている。下水道が完備していない地域では家庭の排水が川に流れ込み、川は生活排水によって汚染される。米作地帯の川も人の暮らしによって汚染される。生活クラブに提供する米を作る農村地帯にも問題を提起しながら、農村における石けんの利用を訴え、石けん運動を展開した。石けんを利用することは、川の水、飲み水、ダム、下水道など、人々の暮らしに大きく関わっている水の問題であり、政治とつながっている。石けんの安全性や合成洗剤の危険性を科学的に確かめる実験などをしながら、自分が合成洗剤を使わないで石けんを使うという活動は、生活クラブの「食の安全」と結びついた非政治運動であった。そして、最終的には議員をだして、行政に石けん使用の取り組みを求めるという政治活動に発展した。生活クラブの非政治的活動とネットの政治活動との境界線は明確なものではなく、自然とそこにたどり着いたという運動の発展・移行であった。

石けん運動は手あれや皮膚炎から出発した。川の水が上流で汚染されていても、下流ではその汚染された水を取り入れ水道の源水として使っている自分たちの飲み水は政治の問題である。さらに、都市による上流域の水の収奪の問題、ダム建設による生活の転換と地元業者の利益、水道水のコストの問題など、石けんから見えた日常の生活の課題は多様な政治課題となった。身近な石けん使用、そして合成洗剤をボイコットする発想が水源の問題にまでいたる壮大な提案となって、ネットの代理人によって地方議会に提案された。その提案は、生活クラブ組合員が子どもと一緒に、地下水のわき出る池や水場の調査、毎年の川の調査、井戸道マップ、除草剤マップなどの身近な調査を繰り広げて議会提案の裏付けとした。非政治活動と政治活動は一体となって、都議会や市・区議会でも、予算を獲得した。

ある試算では、東京の年間降雨量は水の使用量とほぼ同じであるという（嶋津、一九九一）。年間の雨を大事に使えば、東京は「水源自立」ができる。この試算を聞いたネットの代理人は雨水利用を検討し、ネットの政策として、歩道や公共施設などにおける雨水の利用と住民の自宅の庭に雨水浸透マスを設置することを要求した。雨水をトイレに利用したり、雨水浸透マスを設置して、すべて捨てていた雨水を循環させ、地下にもどしていく。そうすれば、水源が涵養され、緑の保全に役立つ。さらに、下水の処理能力を削減でき、治水にも利用できる、と環境保全と水処理問題の側面から、都・区・市議会で提案され、予算が獲得できた。

石けんの使用という日常の体験から意識された水をめぐるさまざまな問題は、生活クラブの活動を広げ、政治活動へと発展し、議員を「形成」し、その代理人は議会において「水循環」に関する提案を行った。この過程が「生活の課題」の政治化過程である。

2　リサイクル活動の政治化過程

「生活の課題」の政治化のもう一つの例として、東京都保谷市（現在の西東京市）のリサクル運動とその活動から議員を「形成」した過程を紹介する。

保谷市の生活クラブは一九七三年末の第一次石油ショックによる「モノ不足」の際、情報伝達に必要な印刷用紙の不足に対応するために古紙回収を始めた。石油ショックによる物価高騰で、生活クラブの情報伝達に必要な印刷用紙が十分に確保できなかったからである。古紙回収をして、製紙工場までもっていけば、新しい紙に取り替えてもらえるだろうと、一九七四年になって支部委員会が中心になって実行した。回収した古紙四・七トンを工場にもっていったところ、二〇万円になった。その後、市場に物資が出回るようになっても、「用紙の確保」だけでなく、「資源保護」と「活動費の捻出」の目的で、月一回の古紙回収は継続された。

当時、保谷市はでゴミ処理機能が満杯状態であるにも関わらず、革新系の市長は「市民サービス」としてゴミを毎日回収していた。そのため一般市民は「目の前からゴミをなくせばいい」という態度で、ゴミ回収コストや環境に与える土壌汚染、焼却炉からの大気汚染、処理能力の限界などについて考えもせず、行政への「おまかせ」という態度であった。行政は「金がかかる」「ゴミ減量にはならない」と古紙などの有価物の回収に積極的ではなかった。

そこで、一九七八年から古紙回収を実践してきた生活クラブの組合員は自分たちの経験を活かし、古紙などの有価物回収がゴミ減量にどのくらい有効かに関して調査し、報告書を作った。ゴミ処理に費やされている税金、無自覚にゴミをだしてきた生活のあり方、ゴミをめぐっての市民の責任と行政の責任を明確にするべきだと、コミュニティーの基盤に関わる問題を明らかにした。そこで得られたデータをもって、市議会、市の行政へ働きかけたが、議会も行政もいっこうに動く気配がないために、市議会へ請願をだした。請願の署名を集める一方、生活クラブの中から運動を広げて行くために、一般市民によびかけて「不要品交換市」を定期的に開いた。

保谷市に対してリサイクルを行うように請願した運動は、生活クラブの組合員に市政への疑問をもたせる結果となり、リサイクル、すなわち「生活の課題」の政治化過程が始まった。署名を集めて議会にだした請願に対して、たった一人しか紹介議員になってもらえなかった。しかも五〇〇〇人以上の署名を付け

表2　リサイクルに関する保谷市市長の答弁と代理人の変化

	市長答弁（「　」内）と代理人の状況
1983年	「検討する」「調整にてまどっている」「計画を進める」 ▶代理人初当選
1985年	「本年度後半には全面的にやる」「（ゴミ回収）の経費節減は減量が重点だと認識している」 ▶具体的な数字を示す
1987年	「私はここで発言する資格がないくらい反省している」「くりかえし質問されながら適切なお答えができず申し訳ない」 ▶代理人２期目当選
1988年	「あなたと同感だ」
1989年	▶代理人市長選挙に出馬、落選。ネット事務局長が市議補欠選挙で当選
1991年	▶代理人２人当選
1995年	▶代理人３人当選
2001年	田無市と合併、西東京市となる
2004年	▶代理人３人

てだした請願を市議会は一年四カ月も放置して、最終的に不採択とした。その理由は「現状で問題ない」ということで、ゴミの処理場が満杯になってしまうことに対する応急手段も将来的な展望もまったくなかった。

保谷市の生活クラブの組合員は市議会に議員をだすことを模索する一方、市民レベルでのゴミ減量を実行するために、市内の五六団体を結集して、「不用品交換市」を開催した。かなりの収入をあげ（収入の一部は参加した障害者団体に寄付）、その金で「リサイクル事業団」を設立した。そして、生活の中に「リサイクル」が定着するように、毎週土曜日にミニ市、情報誌を発行するようになった。

生活クラブの組合員がさまざまな活動を展開しながら、議会や行政にゴミ問題に取り組むことを提案、要請してきても議会は何の変化を示さない。その状況を打破するために、ゴミ運動のリーダーを市議会議員にすることが議論され、一九八三年に選挙に挑戦し議席を獲得した。「ゴミなんかで、選挙が勝てるわけがない」といわれながら、これまでの活動実績をもとに選挙という初めての政治経験をした。議員になったリーダー、すなわち代理人は、当選すると一貫してゴミ問題を質問に取り上げた。市長の答弁は年々変化していった。

表2にまとめた市長のリサイクルに関する答弁の変化は、代理人となったリサイクル運動リーダーが長年のゴミ問題に取り組んだ実践活動と議会での努力の結果である。調査や実験をした実際的な運動が、議会提案となり地方自治体を変えたのである。と同時に、生活クラブの組合員とネットのメンバーはゴミ問題を通して「自治体の主権者」としての自覚をもつようになった。これが「代理人運動」で、「生活の課題」の政治化過程である。

一九九八年には、「次世代に環境の負荷を残さない」ゴミ処理を巡ってまた議論が起きている。それは、大型ゴミ焼却炉からの煙にダイオキシンが含まれていることが調査結果でわかっているのに行政が無策だったからだ。焼却後の灰の埋め立てによって、水源汚染の恐れがあることも明らかになってきた。代替案として、台所の生ゴミは土に戻し、その他の物は圧縮して固形燃料にすることが提案されている。ダイオキシンの発生源である包装素材の規制は一九九七年から実施される「容器・包装リサイクル法」で可能になるはずであった。しかし、この法律は生産者に甘い法律で、実効性が問われている。経済成長期の六〇年代から続いている環境問題と企業のコストとのバランスをとる「調和論」を思い起こさせる法律である(16)。ゴミを巡る問題は、人間の暮らしのある限り終わらない。

5　活動への関わりと意識の変化

ここからは一九九八年に行った東京・生活者ネットワークの議員三四人に行った面接調査結果から、彼女たちの意識の変化の過程を明らかにして行く。日本の女性の政治参加に関する重要な先行研究を行ったアメリカ人女性政治学者、スーザン・ファーは、女性が政治活動に入るには二つの複雑な段階を経る、という。一つは、「然るべき時に、然るべき場所にいた」という機会の問題で、もう一つは「女性役割の支配的定義に挑戦する」段階である。ファーは「女性は〈女性役割への再定義〉を通過しない限り、女性は政治の世界に踏み込まない」と結論した（ファー、一九八九）。

ネットの代理人は、生活クラブという活動に参加した。それは確かにファーのいうように、「然るべき時に、然るべき場所にいた」ことになる。しかし、彼女たちの多くは主婦役割の延長として活動に参加し、いくつかの段階を経て代理人になっている。その過程に見られる〈女性役割の再定義〉は、政治活動より後から生まれている。むしろ、政治活動が〈役割の再定義〉を促している。したがって、ネットの代理人はすべてではないにせよ、ファーの結論と異なる意識変容の過程を経ている。

1　生活クラブへの加入――主婦から生活者へ

生活クラブに加入の動機は、食や環境問題への何とはなしの不安で、生活クラブが提供する安全でおいしく、安い食物が手に入ると誘われたり、手あれで困っていた時に石けんの利用が肌と環境にやさしいといわれたり、ゴミをださない消費スタイルをしようと誘われたりしている。彼女たちは、加入動機を主婦として家族の健康、家族の生活の質の向上と回答している。さらに加入を誘われたとき「断わると悪いから」という、近所付き合いなどを理由にあげている。特に、小さい子どもがいた、あるいは妊娠中であったなどの場合には、食への不安が加入に直接影響している。この段階における意識は、自分が家族の生活の責任者、すなわち専業主婦意識である。生活クラブへの加入は主婦役割の延長線、あるいは主婦役割の強化を求めて決断している。

生活クラブに加入した後は、生活クラブからの情報提供や学習活動によって、なぜ安全が懸念される食品が市場に出回るのか、どうしてそのような状況が許されているのかなどを知る。「加入してから学習会などで勉強していくうちに自分の社会を見る目がどんどん違ってきて、自分が変わって行くのを感じた」という。彼女たちは自分が漠然と感じていた不安を「生活の課題」として認識する一方で、生活クラブも「生き方を変えよう」というメッセージを送りだした。組合員の意識を変化させる仕掛けを次々と繰りだし、主婦がもともともっていた能力・資源を発揮できるように働きかけた。

生活クラブに加入後には、「品質のよい消費材がほしいだけ」という組合員と積極的に活動を展開する組合員に分化する。生活クラブの日常活動は、組合員一人ひとりが主体的に関わることによって成立する。「主体的」という意味は特に難しいことではなく、班に配達された品物を分け合ったり、醤油びんは必ず返却する、ケースや段ボール箱の使いまわし、決められた量を班で調整するなど、さまざまな「めんどう」な仕組みに参加して、責任を分担するということである。「誰かがやってくれる」のではなく、

「誰かに命令される」のでもなく「自分ができることを自発的にする」システムが、「主体的」システムである。自分たちが出資金をだし（毎月一〇〇〇円出資する。脱退の時には返却）、機関誌を買う（一部一〇〇円を払う）などの生活クラブの活動への自発的な参加が組織の維持・拡大に求められる。

代理人になった人たちは、生活クラブに加入後、「生き方を変えよう」というメッセージを受け止めて、班長からはじまって、地区委員、消費委員、支部委員（長）、理事とさまざまな役員を積極的に引き受けた。役職者として活動を担う責任が重くなるに従って、私的な消費活動が実は社会的な意味をもっている活動であることを理解するようになる。日常の消費行為は資本主義による大量生産・大量消費は効率を重んじるシステムの中で行われるために、安全性が無視されがちであったり、情報が末端消費者に届かないなどのシステムそのものの欠陥が見えなくされている場合が少なくない。組合員は資本主義のもつ課題を生活クラブの消費材の一つひとつを通して学ぶ。そうやって、少しづつ学んでいく過程で、消費者として位置づけられてきた自分と市場の関わり方を見直すようになり、自律的な消費者、すなわち、「生活者」となる。生活クラブの活動を通して課題を共有している組合員を生活クラブでは「おおぜいの私」という。この段階において主婦役割によって「家族志向」であった意識は、「仲間志向」に変容していく。仲間意識が代理人の「形成」の基本である。

生活クラブの活動は、日常的な消費材の供給と消費である。その消費と供給は市場原理に従うものではなく、「安全」と「生産者との共生」「環境への配慮」をめざした地域づくりと捉える。生活クラブの役員の活動には、安くて安全な「消費材」を開発し供給する活動を担う消費委員と、開発した消費材を消費する人を確保する「人を中心にした」組織活動を担う支部委員（長）の二本柱がある。後者の活動を生活クラブでは「拡大」という。

「〈拡大かぁ〜〉とため息をついていた時、河野さん（河野栄次。創立以来、岩根の協力者で生活クラブの職員、生活クラブの専務理事、一九九八年定年退職）に、〈今やっている事が世の中を変えることなんだ。自分で意思決定に参加して自分でやる事が大事。そういう人を増やすのが拡大だ〉と言われた。この言葉が今でも忘れられない。……考え方も生活も知らない他人に声をかけ、参加してもらい、そしてその人が自分でやる。そして、世の中を変えていく。これが拡大で、これが生活クラブなんです」とある代理人は支部委員長時代の経験を語っている。

また他の代理人は「拡大ができた時が一番嬉しかった」と支部委員長経験を語っている。「拡大」はどの地域にとっても重要な活動の柱であるが、一般組合員にとっては必ずしも積極的に取り組みたい活動ではない。しかし、後に代理人になった人たちは、生活クラブの活動で自分が得てきた情報を伝達しながら相手を説得する。そして、説得の相手が生活クラブに加入した時、自分の意見の影響力を確認できる。非政治団体である生活クラブの役員の活動の一つである「拡大」は説得による影響力を行使する一つの「政治行動」（ダール、一九九九）であるが、当人たちは「拡大」を政治行動と認識していたわけではない。生活クラブの拡大活動が選挙運動と直結していることは、自分が選挙に立候補した時に実感する。

役職者であれば、活動を企画、実行する立場となるので、学ぶ機会も一層多くなり、学習効果も一般組合員より高いうえに、リーダーとしての責任が生きがいとなり、運動の目的である「現代社会への異議申立て」と「環境と調和した地域づくり」が、自分の目標と重なっていく。「役職への就任が生活クラブでさまざまな社会活動に参加し自ら生き方を変革していく」（山嵜、一九八八）のである。この過程は、「消費における〈主体性・能動性〉の発見史」（成富、一九八八）で、活動との相互作用で、それは消費者から生活者への意識の展開の上にのった活動といえよう。

2　生活者ネットへの参加——非政治活動から政治活動へ

ネットは一九七九年に初めての代理人を東京都練馬区に誕生させて以降、一九八〇年代に入ると、世田谷区、杉並区、町田市、保谷市、多摩市の六つの生活クラブの支部を基盤に地域別のネット(17)を次々と設立した。生活クラブは生活協同組合であるから消費生活協同組合法によって政治活動を禁止されている。そのために政治団体・ネットを組織したのである。生活クラブとネットは別組織であるとはいえ、設立当初から生活クラブのリーダーがネットのメンバーとなっている。

地域別ネットは、それぞれに、地域の課題を政策化する。いくつかの地域では、七〇年代の終りに石けんを公共施設で利用することを請願する活動を互いに情報を交換しながら展開した。保谷市では、七〇年代から行ってきたリサイクルの実践活動をもとに、市議会にリサイクルの仕組み作りの提案を請願としてだしていた。町田市では学校給食条例制定を求める直接請求が八一年に始まり、八二年には代理人が市議会に当選し、その年の一一月に学校給食条例ができるなど、政治活動が展開されるようになっていた。ネットは「生活の課題」を行政区を越えて、より広い地域で共有しながら、政治的影響力をもつまでに発展していった。

八〇年代の後半には、全都的な二つの大きな運動がそれまでの生活クラブの非政治的活動を基盤に展開された。一つは、食品安全条例の制定を求める運動で、ある地域では請願運動を、ある地域では直接請求を展開した。東京都へは直接請求運動を行った。もう一つは九〇年代に入ってから展開されたリサイクル条例の制定を求める直接請求である。この二つの運動だけが代理人運動として展開されたわけではないが、調査の対象者である代理人はこの二つの運動に、代理人として、生活クラブの支部委員（長）、理事などの役職者として運動に関わった。彼女たちは生活クラブが組織内で運動を展開するだけでは解決できない課題を、自分たちの手で地域全体に拡大した。その経験が「生活の課題」は地方自治体において政治的解決が有効であると展望する段階に入ったのである。彼女たちの意識は「仲間志向」から「地域志向」へと一層の広がりをもって、自分たちは地域を自治する生活者であると認識するようになっていく。

食品安全条例の制定を求める運動は「おおぜいの私」たちが食の安全は自分たちだけが確保をすればいいのではない。自治体には住民の命を守る義務があるから、食品の安全は政治課題である、と訴えた運動であった。リサイクル条例の直接請求は「捨てればゴミ、使えば資源」を合い言葉に、前述したような生活クラブの運動を積み重ねてきたうえで、自治体と地域住民のゴミに対する意識を変える試みであった。代理人はこの二つの「生活の課題」の解決を生活クラブの活動を通して、政治の課題であると認識した。その認識が議員の「形成」の必要性を感じた理由である。「女性の運動の形成と成功には資源より意識が重要な要因である」（Klein, 1984）といわれるように、面接した代理人は「自治する生活者」という「地域志向」の意識をもっていた。それが代理人運動の成功の要因である。したがって、ネットの参加者の意識はジェンダーによる「見えない権力構造」に楔を打ち込むものというより、資本主義の効率優先社会を疑うという生活クラブの活動の原点に重きがあった。

3　代理人として立候補――「政治は生活の道具」

これまで見てきたように、ネットの代理人は「生活の課題」を、消費活動によって認識・解決をめざし、ついには政治過程を通して解決しようと試みた。とはいっても、生活クラブの非政治的活動である消費者活動と、ネットの政治活動とは明確に線引きができるようなものではない。実際、生活クラブの役員層の一部はネットのメンバーで、「今日は生活クラブの活動」、「明日はネットの活動」というように、同一人物がかけもちで活動している。具体的にその線引きが明確になるときは、代理人候補者として擁立が決まって選挙運動が始まったときからといえよう。

ネットは政治団体として、統一地方選の方針を選挙に先行する一年程前の大会で選挙への取組みとともに決定する。選挙の方針が決定されたら、実行委員会がネットと生活クラブの有志で結成される。有権者に「代理人運動」の政策、選挙標語を考えたり、リーフレット・パンフレットなどの作成、政策を訴える方法などの選挙活動が始まるが、まず候補者を選定しなければならない。

ネットの代理人の候補者になるためには資格はいらない。必要なのは、「生活の課題」を政治によって解決する意欲をもっていることである。具体的な代理人候補者の選定は、候補者選定委員会などが選挙日程を視野に入れながら、候補者を探しだす。生活クラブの組合員、ネットのメンバーから候補者の「適格者」をみつけ、個人的な交渉が行われる。

代理人候補者として名前があげられるのは、第一に、運動に積極的に取り組んできたという活動実績である。第二は活動時間が確保できるかで、家族を含めた広範な理解が必要とされる。これまでの例では、家族の支援・理解があれば、本人が固辞しても説得が可能であるが、反対の場合は、可能性は少なくなる。選考委員会が配慮する家庭の事情は、まず、介護をするべきお年寄りがいるか、幼児がいるかなどが検討される。次に、年寄りや幼児がいる場合には、候補者が中心的な介護者でなければならないのか、代わりの人や夫の同意は取れるかなどが考慮される。

もう一つ大事なのは、就業しているか、どうかである。その就業が家庭の経済に大きく貢献している場合には、選挙という「ミズモノ」とどう折り合わせるか。選考委員会で決めても本人が受けない時には、ねばり強く交渉する。家族の意志確認、特に夫の同意・協力は基本なので、この過程で、選考委員が夫と会う。そのあたりの事情は夫も知っていて、「断わるとみんなで家にくるんだろ」と、直接対決を避けて、妻の立候補を了解してしまう場合もあった。

調査対象の代理人は、候補者選定過程の最終段階でこの運動を推進するためには、自分が立候補しなければならない、と立候補を決意している。面接した代理人で、立候補について「自分の意志」といったのは一人である。「地域ネットをたちあげたのは私。候補者が出なかったら、ネットを作った意義も消えてしまうから、私がやる、っていったの」と、運動の推進のために「やむなく」立候補を決意している。このような考え方は、代理人運動をすすめていくという組織の目標を自分の目標にしていることである。つまり、候補者になる決意は運動の推進のためで、「運動志向」ということができる。

もう一つ決意を促す理由は「誰でもが代理人になれるなら、私がやりたい。いろいろなことができると思った」という意識で、代理人運動の理念である「だれでも代理人（議員）になれる」ことを具現化しようとしている。このような考え方を「理念志向」とよぶ。「運動志向」で立候補を決意する場合も、運動の「理念志向」が決意を促す場合も、決意した時の判断は「周りの勧め」であったり、「自分の意志と周り勧めの半々」と認識されている。

ある代理人は「私はずーっと（誰かを）だす側だと思ってきたの。けれど、みんなに断わられて、この市では代理人運動はダメと思われるのがいやだった」と「代理人運動をすすめる会」の代表としての苦しい選択をした。彼女の場合、「代理人運動の推進」という組織の目標と「私がやらなければ、運動がだめになる」という危機感があった。さらに「池田さん（池田敦子、一九八七―一九九九年東京都議会議員）がやるんだから私もやらなければ……」と誰もが代理人になれるという理念によって、候補者になる決意をしている。「運動志向」と「理念志向」が混じりあっている状況である。

「運動志向」や「理念志向」による立候補の決意とやや違う側面をもっている決意のあり方として、「就業志向」がある。つまり、代理人になることを就業と捉える意識が若い世代の代理人に生まれている。ネット以外のいわゆる「市民派」の若い女性議員の中にはこの「就業志向」が明確に見られる。「他の仕事より発言力、即効力がある。……職業として、議員は男女平等であり、年齢・性別・キャリアに関係なく、あくまでその人の力量が問われる」（笹倉ら、一九九〇）と、議員になることを一つの職業として見ている。ネットの場合、三期ローテーションがあるので、職業としての継続性は最長一二年までと期限がつく。収入においても、月額二〇万円と決められているので就業と捉えがたい部分もある。しかし、代理人になることを「運動志向」だけで捉えていない人がいることは、専業主婦が当たり前であった時代とは違う女性の生き方が可能になってきたことを示している。

ある代理人は「（代理人というのは）仕事と理想の接点かもしれない」という。彼女は、専門学校を卒業後、臨床検査技師の仕事をしていた。結婚退職し、四人の子どもを育て、数年前から仕事を探していた。「一〇年以上も前の技術は使い物にならない、といわれて、なかなか仕事が見つからなかった。子どものことを考えるとあまり遠くへは行きたくないし。ようやく、市内の病院の臨時職員ではあったけど、一応専門的な仕事を始めて一年ほどたったところで、『代理人にならないか』といわれ、すごく迷った。代理人を二期やると五〇代半ばになる。代理人を辞めたら、もう仕事は絶対にみつからない」と、代理人になることは個人の描くライフ・スタイルとちがう結果となっている。しかし、「子育て中でも社会の中に居場所を見付けて、できるだけ、〈仕事〉として関わり、市民運動の事務局をして、お金を得てきた」という彼女にとって、代理人は就業と理想の接点であった。代理人を「就業」として考えた時、運動のもつ「熱」を失う危険があるが、彼女の場合、医療知識をもっているために、ダイオキシン問題や環境ホルモンに詳しく、「ゴミの専門家」といわれるほど「ゴミ問題」に経験と知識があり、他の地域の代理人が情報提供を求めてくる。

もう一人代理人になることに「就業」の側面と「運動」の側面があることを強く認識している人がいた。彼女は心理判定士という専門職についていたが、子育て後に時々アルバイトをするぐらいで、再就職をめざしてはいなかった。理由は、夫は多忙、夫婦ともに郷里が遠く、子どもを預ける人がいなかったうえに、適当な職がなかったからだ。「そろそろ仕事がしたい、と思っていたから、〈代理人にならないか〉といわれた時、選択肢に入れて考えた。報酬があるし、働き甲斐のある仕事だし……」。彼女はネットの政策委員として運動に貢献しながら、一期目にはトップ当選をし、二期目には一二〇〇票増やして代理人を二人にする複数化を果した。三期目の選挙体制に入る前に「三期は長過ぎる、権力が付きまとう感じがする」と自らローテーションを希望し、自分は引退して新人二人を含め代理人を三人にして代理人としての「仕事」を遂行した。

この事例の二人は、報酬を得ることにより「金を稼ぐ仕事をしたい」という自分の目的と組織の「代理人」になることが両立できた例で、「就業志向」といっても「運動志向」が基本にあって、「就業志向」がプラスされているケースである。

調査対象者である代理人は、代理人候補として決意するにあたっては、自分の意志や周りの勧め、あるいはその半々と認識している。代理人候補になる決意をする要因としては、「運動志向」「理念志向」「就業志向」「議員志向」が考えられるが、決意の根本には運動の促進・発展への願いがあって、そこにプラスされた個人の事情や思い、さらに家族との調整、子どもの世話をどうするかなどに目途がついたとき「政治は生活の道具」と訴えるネットの候補者になる決意をしている。子どもの世話は日頃の活動で培った人的関係の中で解決している。

代理人候補者が子どもを選挙の「じゃま」ではなく選挙の「支え」であると認識した場合、子どもの問題は解決される。しかし、母親である代理人候補者自身は、子どもの世話や、生活が慌しくなるために子どもとの関係が難しくなることを覚悟できても、夫はそれを受け止められないことが多く「子どもはどうするんだ」と不機嫌になる。しかし、それは本当に子どものことを心配しているというより、自分の不満を子どもの問題にすり替えている場合がある。

4　代理人になってから——市民から「女性市民」へ

ネットの代理人は、生活クラブの活動に深く関わってきた人が多い。代理人になるまでの活動の基本は「生活の課題」の政治化であって、運動は非政治活動からスタートして、政治活動に発展した。「生活の課題」の政治化における役割意識は、生活の責任者である主婦意識であり、その意識が代理人の「形成」を可能にしたのである。

ところが、代理人になると公人としての役割が加わり、主婦としての役割との調整を迫られる場面にしばしばぶつかる。その一つが代理人報酬をめぐるものである。前述したように、代理人になると議会から受け取る報酬は一度ネットに寄付して、別途代理人契約を結んで、代理人としての報酬を受け取る。その時点で、彼女たちは稼ぐ主婦になった。そのことが専業主婦役割との調整を迫る。

代理人たちは、「主婦も稼ぐべきである」と考えているが、「稼がなくてもいい環境だった」り、「稼ぎ続けることはできなかった」と意見に開きはあるが、実際には結婚・出産を期に退職し、再就職したのは一人であった。

代理人の報酬は、ネットの「代理人契約」によって、年収二八〇万円（一ヵ月二〇万円、プラス夏冬一ヵ月）と決められている。この額で独立生計を保つのは、生活費が高い東京ではほとんど不可能である。だから「離婚したり、自分が所帯主の人は代理人になれないわけで、〈主婦〉をアテにしている運動になってしまう」とある代理人は自分の離婚経験から、代理人運動の限界を報酬の問題から見ている。

「主婦も稼ぐべきだ」と仕事をもつことに積極的である人、「稼ぐべき、あるいは稼ぐことだけが自立ではない」と二つの対立項目だけでは表現できないと、代理人の意見には幅がある。だが、この問題について真剣に考えるようになったのは代理人になってからという人が調査対象者の多数であった。

夫から「二〇万円で、オレとおなじだと思うなよ」と「釘をさされた」代理人がいるが、彼女は立候補を夫に強く反対された。立候補の決意をする前に家族が集まって本音をぶちまけた話し合いを行った。そこで分かったのは「夫は、結局はすごく保守的で、〈家内〉が近所で活動していることは認めるけれど、表にでることはいやだったのよ。でも、娘がすごくサポートしてくれたから立候補できた」と述べた。

ある代理人は「ずっと仕事をしてきた」と答えた一人であるが、「私の収入と夫との関係は微妙」と語った。「デザイン事務所を経営していた頃、収入が夫より多いために、彼との関係はぎくしゃくしていた」。その後、夫の仕事が忙しくなり、彼女が子育てや活動中心の生活に変え、デザイン事務所を縮小した。「そうすると、夫が落ち着く」のを感じた。そして代理人になって「二〇万円入るようになるとまた、微妙に変わってきた」。ほかの若い代理人も「代理人になって、お金が入ることで夫は黙っているのかも知れません」と当初強く反対した夫の変化をはっきり収入によるものと捉えている。

「〈外で〉働くことだけが自立ではない」という意見の中で、「パートで忙しくするより、生活クラブの活動や生活者ネットの活動をすることに意義がある」と思う人は少数であった。「自分は恵まれた立場であるから、活動ができる。恵まれた立場にいる人がみんなそう思っているわけではない。どのような立場かというより、何をするかだと思う」。代理人の多くは自分たちの活動は社会的な意義があると信じ、家庭責任を負いながら、議会活動との両立にがんばっている。しかし、彼女たちはおしなべて経済的独立、家庭責任、金と家族の関係も含め政治活動と、あるいは代理人であることとのバランスをとる難しさを感じている。

代理人は報酬をめぐって主婦役割の調整を迫られるほかにも、毎日の家事負担に役割の調整を迫られる。夫と家事の分担を決めてやっている代理人は三四人の約三分の一で、しかも洗濯だけであったり、週末だけであったりする。二割は夫がまったく家事を負担していないので、自分がほとんど家事を行っている、と回答している。この回答から見れば、代理人は多くの「働く主婦」と同じように、家事と仕事との二重の負担を背負っている。

代理人の夫の家事分担は、代理人になるかどうかを相談した時の夫の態度と非常に関係している。妻が代理人になることを「積極的に賛成」した夫の場合には家事分担率も高い。「どちらかといえば積極的に賛成」であった夫（三八・二％）のうち、約半分は家事を分担しようとしている。家事をまったくしないのは、夫の態度が賛成・反対の「どちらとも言えない」と回答したり、「どちらかといえば反対」と回答した人、あるいは「強く反対」した（一四・七％）人のグループに多い。中には、代理人になるための条件として、「家事をおろそかにしない」、あるいは「自分は（夫）は手伝わない」と約束をして、妻が代理人候補として選挙に出ることを認めている。夫に対して「家事はちゃんとやる」と約束した代理人は「だから、家庭との両立がたいへん」と、代理人としての活動をするために、夫のだした条件を守ろうとしている。

「（代理人を引き受けるにあたって）夫が一番の難物。だから、自分で決めてから単身赴任の夫に電話で伝えたら、すごく怒った。それは、家庭のことはすっかり私に頼っていたから。私に〈側にいて欲しい〉っていってました」というように、ほとんどの代理人の家庭では、夫は仕事、妻は家庭という分業体制が確立していた。夫は家族を大事に思う気持ちはあるが、その意識は企業や職場に向いていて、妻が代理人になることで、今までのように家庭の用事ができなくなり、自分が不便になることが予測されることに戸惑っている。代理人候補になる際の夫の態度や、家事の分担について「夫が〈誰に食わせてもらっているのだ〉といった」と述べた人もわずかながらいた。

立候補にあたって、子どもが反対する場合は「恥ずかしい」が最大の理由で男子の方が強く反対する傾向が見られる。女子は積極的に賛成する傾向があり、「主婦として、こんなチャンスに巡り合えるのはすばらしい。ぜひがんばるべきだ」と娘が強く支援したので反対する夫を説得できた例もある。娘が反対するときには、自分に家事の負担がかかってくることに対する不満が見られた。

代理人の中には「夫の扶養家族」であるために、「自分の好きなようにやりたい」気持ちと夫や子ども、場合によっては姑の気持ちとの調整が必要であった。最初は反対した夫も、たいていの場合は後に協力的になり、チラシを配るのを手伝ったり、友人に投票を依頼したりしているが、選挙が終わるまで、あるいは、代理人になってもまったく手伝わない夫もいる。

代理人としての政治活動の経験、つまり「公人」として、あるいは「働く主婦」として意識が代理人がそれまでもっていた「主婦役割」意識との調整を迫るようになった。その結果、代理人は女性の役割・地位・生き方に対する態度や意識がジェンダーの平等を求める方向に向かう。そして女性の自由な選択を支持する政策に取り組むという政策課題に変化が起きている。家庭の責任者の主婦であるということで始まった「生活の課題」を中心とした活動は、あらたな「女性としての課題」を認識するところに至った。

代理人は議員になったことで、役割意識が変化して、どうして自分が家庭の責任者であるのかを考えなければならなくなった。生活には自分たちが責任者とされてきた「暮らし」の意味だけではなく、「自分らしく生きて活動する」という意味があると理解するようになった。さらに、自分たち、女性を「生活」の責任者に位置づけた仕組みや、その位置づけが女性の生き方の選択肢を狭めているという課題を認識し、その解決を探るようになる。それは「女性としての課題」の政治化である。

「女性としての課題」は、いわゆる「女性政策」と呼ばれているが、これまで「女性政策」の多くが女性不在、あるいはきわめて女性が少ない決定過程で策定された制度や政策であったため、必ずしも女性の意思が生かされているとはいえない。代理人自身も含めた地域の仲間や女性が自分らしく生きたいと願う時に、本当に必要な支援や女性が能力を発揮する可能性を保障するものが「女性としての課題」である。代理人の意識の変化は、共に生活する夫たちの生活に対しても、彼らの企業労働者としての生活から自分らしく生きることを探る方向をみつけるべきだ、という認識を生み始めている。そして、男女が共に自分らしく生きる課題を共有するところをめざすようになってきた。

生活クラブやネットの活動は、「豊かな階層の、時間のある専業主婦の活動である」という批判に対して代理人たちの回答は、「(生活クラブやネットの活動に)仕事をもっている人は参加できない。でも、〈専業主婦〉を好きでやっているわけではない場合も多く、女性が働ける場所を地域に作るべき」とか、「(専業主婦は)本来両立できなければならない仕事をしていないために、視野が狭いのではないかと思う。これまでは、精神的独立があればいいと、思ってきたけれど、これからは経済的独立は必要」と、批判を肯定しつつも、活動の次の方向を探っている。

「もうすぐ定年になる夫たちも地域で何か仕事ができるようにしたい。仕事をやめて家にばかりいたら、心身ともに老いてしまう。でも彼らには方法がわからない。地域の生活のプロである私たちが、何か用意しなくてはと思っている」と男女が共生できる地域を作るという今後の夢を述べる代理人もいた。

ネットは過去二〇年以上「生活の課題」を提案することで地方議会における政策課題を広げた。今では地方議会においてはゴミや環境という課題は議会全体で共有化されている。「生活の課題」は男性・女性を問わず、政党を超えて提案されるようになった。同時に、地方自治体の行政もネットが提案してきた「生活の課題」の解決は、行政だけの責務ではなく、地域住民の参加と連携によって効果ある解決が生まれることを知りつつある。

生活クラブやネットのメンバーは、夫の扶養家族である専業主婦でなければ活動できないという事実に対して、「批判的に向き合うことなく」（金井、一九九七）、「生活の課題」の解決に時間を投入してきた。その結果、代理人とよばれる地方議会議員に「形成」された。しかし議員になったことで、それまで維持してきた主婦役割との役割調整を行わなければならない場面に出会い、「専業主婦であること」と向き合い、自分たちの存在の矛盾を自覚するようになった。そこで、女性として自分らしく生きる意味を自分自身に問いながら、女性の生き方を支援したり、女性の生き方の選択肢をふやすという課題を多くの女性と共有できる地平線がみえるところにたどり着いた。女性の生き方を支援したり、選択肢を増やす課題の政治的解決を「女性としての課題」の政治化とよぶが、まだ始まったばかりという段階にある。

6 「生活の課題」から「女性としての課題」へ

高度成長によって大量に作りだされた専業主婦が参加して設立された生活クラブは三〇年以上の歴史を経て、ようやく組織の最高決定機関の責任者に女性組合員が就任するようになり、「男性支配」という批判に応え始めた。生活クラブを基盤として設立された、政治団体・ネットは「生活の課題」を政治化することで、専業主婦から地方自治体の議会に組織的に「形成」し、代理人とよぶ議員を地方議会に送り込んだ。代理人は地方自治体の議会に「生活の課題」を政策として提案し、条例を制定したり、予算を獲得して「生活の課題」の解決を実現するという実績を上げてきたと同時に、地方議会における女性議員比率の上昇に影響を与えている。

代理人は「生活の課題」を政治化する運動の最前線において活動を展開し、政治に直接参加している。彼女たちは、自分たちの生活にとって何らかの可能性をもつものとして政治への信頼感をもっている。この場合、政治というのは、これまで地方自治体で展開されてきた「政治」や男性中心の議会を信頼しているのではない。むしろ、請願や陳情の経験によって地方自治体の議会と行政が「生活の課題」を政治課題の対象としないことに強い不信感を今でももっている。それでもなお、議員を「形成」するという政治制度へ直接参加を試みたのは、政策決定過程に参加して、その決定を「生活者」の視点によるものに変えていくことをめざしたからである。つまり、物ごとの決定を一部の人や知らない誰かに任せるのではなく、自分たちの代理人によってコントロールするためであった。それは自分たちの生きる場である地域を自治することであり、議員となったり、議員を「形成」することは主権者としての義務の遂行であった。

調査によれば代理人になった人たちは、生活クラブに加入した時には、家族の健康、家族の生活の質の向上や近所と仲良くしたいという家族を大切にする主婦役割による「家族志向」の意識を強くもっていた。その意識は生活クラブの仲間と生活の中の課題を共有し、活動にかかわるようになって、さらにその課題を地域に生きる人々と共有したり、課題の解決のために協力をするというように「仲間志向」を経て「地域志向」に変容していった。このような意識の変容は、生活クラブの活動と相互に関連している。加入後に活動に積極的に関わるようになり、役職を経験したり、生活クラブの仲間を「おおぜいの私」と認識しながら、自分の生活の見直しを行い「環境への加害者であることをやめよう」と呼びかけ、石けん運動に取り組んだり、リサイクル活動に参加するなど意識の変容とともに活動に深く関わるようになった。

生活クラブやネットの活動への参加者には、運動の発展と経済的自立、すなわち、専業主婦であるというベクトルが反対方向を向きながら共存する。しかも、「自分が働かないでいい環境にいたから、活動ができた」というように扶養家族であることを利用して「社会を変える力」になっていると認識しているために、この二つのベクトルは対立しないで、調和しながら存在している。そのためにネットの政治参加に関しては、「〈性別役割分業〉の政治版」（大津、一九九二）ではないかという批判がある。

それに対して代理人は、「生活クラブやネットではお金や暇があるから活動をしているという批判は真摯に受け止めるべき。でもお金や暇よりも〈思い〉があったからやっている」と、運動の発展に重ねた自己実現のベクトルが強調される。それは、効率主義の経済やこれまでの「政治」への対抗を目的とする「生活の課題」の政治化過程においては可能であった。なぜなら、これまで「政治」は「生活の課題」を対象としてこなかった。都市化、工業化、情報化の進んだ社会の到来とともに、「政治」は変化した。政治が生活の中に浸透するようになったことと、専業主婦が「生活の課題」の専門家であったことがネットの議員の「形成」を可能にしてきたのであって、むしろ専業主婦であることが条件であったといえよう。「政治」は「生活の課題」をその対象としてこなかったが、「女性としての課題」も同様に対象としてこなかった。「女性としての課題」に対しては、ネットは関心が高かったというわけではなかった。女性の抱える課題に対してのまなざしを欠く「政治」に対して、「女性としての課題」としての議論を展開するべきだという認識がネットの中で共有されるようになってきたのはそれほど古いことではない。生活クラブの組合員には、生活者としての意識の共有は広がっている。政治活動をすることで「市民」となっていく過程には全員が参入しているわけではないが、理解は広まっているといえよう。しかし、「市民」から「女性市民」への意識の変化、すなわち、専業主婦から一人の女性としての意識を活動に生かすという方向性はようやく道がつけられはじめたところである。

一九八〇年代の終わりには、生活クラブやネットも専業主婦の組織としての限界が見えてきて、フェミニズムに関する情報が提供されるようになった。「フェミニストが経済的自立をしていない主婦はなにをいってもだめよというスタンスだったから、生活クラブの中ではフェミニズムに対するわだかまりがあった」と元多摩市議・現東京都議の新井美沙子が組合員の気持ちを述べている(社会運動研究センター、一九九六)。

生協活動と女性の経済的自立を主張するフェミニズムの共闘の困難を打ち破る一つの方法と考えられるワーカーズ・コレクティブ(以下、「ワーカーズ」とする)という自主管理(18)を基盤にした地域に働く場を作る試みが八〇年代後半に入ると始まった。主婦たちの得意技である「弁当屋」「パン屋」など食をめぐるワーカーズと福祉サービスのワーカーズ、それに生活クラブの業務委託の三業種が中心である。地域に自主的な労働の場を作ることは、生活クラブ・ネットの活動とフェミニズムの一つの接点とでもいえる。なぜなら、フェミニズムは専業主婦に対して「職場」へ出て、経済的自立が男女平等への戦略であると主張してきた。一方、生活クラブ・ネットは地域の主婦を組織して、消費活動・政治参加の輪を広げてきた。

主婦たちが就業のために地域から不在になれば、経済組織である生活クラブも、政治団体であるネットもその地盤が揺らぐ。主婦が働く時代になり、主婦の就業意欲を生かしながら、地域にとどまって活動に参加するという双方の目的にかなった新たな働き方が模索され、ワーカーズが開発された。

ワーカーズの新しい試みは、試行錯誤を繰り返しながら、主婦の就業意欲を生かし、地域に稼ぐ場を作り、やがては「扶養家族」からの脱出を図ろうとしている。しかし、主婦の技術を生かした仕事では、仕事の種類が限定されたり、時給が安いのが現実で、「夫の扶養家族」の範囲を超えるためには、経営者としての相当の努力が必要になったり、長時間労働となってしまう。ワーカーズのメンバーは大量生産的な弁当は作りたくないと仕事の質にこだわったり、福祉や介護の仕事は経験が必要と講習を受けたり、勉強が先に回ったりして、利益が出にくい。働く場としてのワーカーズはまだまだクリアしなければならない課題が山積しているが、ワーカーズの事業高総計が全国ですでに一〇〇億円近くなっていることは、地域に求められているニーズに対してサービスを供給していることを示す。「主婦の仕事」は片手間仕事、ハンパ仕事という認識を改める必要がある。また、すでに代理人としての任期を終えた代理人がワーカーズを起ち上げたり、市民事業にかかわっている。運動の発展のベクトルと経済的自立のベクトルが同じ方向をめざすようになってきた例である。

政治に直接参加した代理人に見られたように、専業主婦から出発し、活動・専業主婦、そして議員、場合によってはワーカーズで働く主婦となった生活クラブへの参加者は、自分の生き方を変えながら、活動との相互作用で意識が変わっていった。家族志向の主婦意識から、仲間志向の生活者、そして地域志向の市民へと意識の変容は主として経済効率主義に向き合うところからおきた。さらには、稼ぐ／稼がない、あるいは家事の分担などを巡って、女性としての生き方から、フェミニズムにふれ、「女性政策」は他人のためではなく、自分のために推進する必要があると認識されるようになってきた。

議会のバッシングや内部での意見の食い違いなどを見据えながら、ジェンダーによる「見えない権力構造」への挑戦が、市民から「女性市民」への変容を促すことは間違いない。生活クラブ・ネットのメンバーはその挑戦を射程に入れるようになり、「政治は生活の道具」という主張に基づき、政治を使いこなそうとしている。

5 女性0《ゼロ》議会をなくそう

●「地域活性化」と政治参加——女性模擬議会は「女性政策」

八〇年代から都市部においては、女性地方議会議員の進出が際立つようになった。しかし、地方、特に過疎化、農業離れ、高齢化が進んでいる地域では女性が一人もいない議会が少なくない。そのような地域では、「政治は男性の仕事」という意識がまだ強く残っている。とはいえ、そのような地域のいくつかの自治体において、初の女性議員が登場するようになった。その一つのきっかけが女性模擬議会である。女性模擬議会は女性のエンパワメントを可能にすることから、「女性政策」と捉えられる。

1　女性が一人もいない地方議会

女性地方議会議員比率が非常に低い地域において女性模擬議会(1)（以下、「女性議会」とする）が開催され、その参加者の中から「初」の女性議員が生まれている。しかし、一方で、女性議会をきっかけに、女性たちの政治意識、参画意欲が高められても、選挙となると「男性だけ」に限定されている地域もある。いくつかの女性議会の事例から、女性の政治参加を阻んでいる障壁について考察したい。

戦後日本の選挙制度においては特段に、性による規定を設けていない。しかし実際に、女性は二〇〇三年の統一地方選挙後にあっても地方議会の女性議員比率は七・六%にすぎない。三二五六の地方議会のうち女性議員がまったくいない議会が一二二〇（三七・五%）で県議会が二つ含まれている。また、女性が一人しかいない議会が九九九（三〇・七%）で、女性が〇または一人という地方議会は六八%もあり、女性議員比率は非常に低い（資料は二〇〇三年）。身近かな地方議会でこのように女性議員比率が低い理由は、どこにあるのだろうか。

女性の政治という公的領域への進出は、周囲にも、立候補しようとする女性自身にも内面化された、ジェンダーによって幾重にも構築された「目に見えない権力構造」が存在していて、それが彼女たちを阻んでいる。ここでは、女性議会とよばれる行政の行うイベントがそのようなジェンダーによる「権力構造」を揺るがしたり、変革への可能性をもたらす効果をあげていることを取り上げていく。

2　女性模擬議会とは

女性議会とよばれる女性模擬議会には、主催者が自治体、女性団体の連合会、両者の共催といくつかのパターンがある。いずれも参加者はすべて女性である。参加者は公募や団体推薦で議会定数と同じ数に決められている。また、会場は当該自治体の議場を使って、半日または一日のイベントとして行う。プログラムは定例議会の一般質問形式で行われ、首長以下自治体の執行部が答弁をする。すなわち、女性議会は模擬議会ではあるが、形式は通常の議会と変わりないところから「女性議会」と呼ばれている。参加者は自分が日ごろ行政に感じていることや地域の問題を、質問という形式で提案するのである。前もっての準備として、参加者が決定してから数カ月の間に議会傍聴、自治体の施設見学、「委員会」という名称で数人が集まって政策を練ったり、質問を作ったりなどする。

実施している自治体が女性議会を「男女共同参画推進」の施策と考えている場合も、「女性の意見を施策に反映する」ところに留まり、「女性を政策決定の場」に送りだす施策としては捉えられていない。また、日本政府の男女共同参画推進の政策プログラムにも女性議会、あるいはそれに類する文言は見当たらない。そのため、女性議会に関しての調査・研究はこれまでに管見するところ見出されていないし、統計も完備されていない。

女性議会が開催される理由としては次の五点があげられる。

第一は周年事業としての開催である。九〇年代後半にかけて、市制五〇周年とか、町制〇周年というような行事、あるいは男女共同参画の行動計画策定の記念などが女性議会を開く理由となっている。

ある市の女性議会担当者は「女性議会を周年事業として行う場合、派手なうえに安いので、事業計画がとおりやすい」と述べている。ここで「派手」と表現されているのは、日ごろ男性が圧倒的に多い議場が女性で一杯になり、さらには、一段高いところにある議長席にも女性が座る。そのような写真が広報の一面に掲載される。日ごろ人がほとんどいない傍聴席も議員として参加した女性を送りだした団体の関係者、友人や家族で埋められ一杯になる、などをさしている。「安い」というのは、イベントとして人を集めやすい、また、一部職員が休日に出勤する場合があるが（大きい市部では週末に開催されるが、町村部では週日に開催されることが多い）、週日に開催されれば、人件費はゼロですむ。費用としてださなければならないのは、女性議員の弁当代（半日の場合にはそれも不要）と報告書の経費くらいで「安い」のだ。

女性議会は「派手」で「安い」イベントであるだけでなく、一回だけのお手軽なイベントとして女性議会に取り組んでいる自治体もある。その理由は、一九九九年男女共同参画社会基本法が制定されてから、地方自治体においても「男女共同参画」が二一世紀の重要施策として、自治体にその推進が要請されるようになった。しかし自治体には「男女共同参画」の推進に関しての具体的なノウハウがなく戸惑いがある。その結果、女性議会を開いて「お茶を濁す」自治体が見られる。参加した女性たちは女性議会をきっかけに政策決定への参画意欲を高めて、継続的に女性議会の開催を期待する。参加者や主催者が翌年も開催することを申し入れても、行政が問題意識を欠いていたり、議会が応じなかったりなど手応えは必ずしもよくない。首長が「女性を支援して」開催される場合もあり、女性議会の継続的開催は政治的な駆け引きによって決められている。

女性議会開催の理由の第二は、男女共同参画の推進という明確な目的による開催である。一番基本的なものは国の計画の要請によって、地方公共団体が男女共同参画推進の計画を策定し、そこに女性議会を女性の政治意識の啓発プログラムとして掲げて開催している。

第三は、女性団体が行政に申し入れを行って単独、または行政と共催で開く「女性議会」である。その場合、当該地方公共団体の中の女性団体の連合会、または実行委員会形式で開催される。

第四は、議員が他の自治体において女性議会が開催されたことを知り（あるいは実際に女性議会を傍聴し）、そのメリットを自分の自治体に活かすために、男女共同参画の推進を行政に問う形で議会質問を行う。首長がその提案を受け入れれば、自治体の男女共同参画の施策として実現する。このような理由で開催される自治体が増えているが、議会で質問するのはほとんど女性議員である。

そして、第五は、富山県に多く見られるのであるが、かなり長期的・継続的に開催されている女性議会である。富山県内では三五市町村すべてが、現在、あるいはかつて数回〜一〇回の女性議会を開催している。立山町は女性議会の開催が三〇年間継続された。大門町では町役場のこけらおとしをきっかけに二〇年間、毎年開催してきた。

以上のように女性議会はさまざまな目的・経緯で開催されているが、女性議会としての要件は、(1)地方自治体が主体となって、あるいは地方自治体が助成を行っている女性団体等の協力によって開催している、(2)一般質問形式のイベントで、回答者には当該自治体の首長、責任者があたっている、の二つをあげておく。

3　女性模擬議会のひろがり

1　女性議会を長年開催している自治体

女性議会は一九九七年には一二自治体でしか開催されていなかったが、一九九九（平成一一）年には四八、二〇〇〇（平成一二）年には一〇一、二〇〇一（平成一三）年には一一六と増加し、平成一四年、一五年にもかなり開催が見られている。明らかに増加傾向にあるのだが、総合的な統計資料がない。女性議会の開催に関する調査は全国市議会議長会、全国町村会、埼玉県などが行っているが、県の開催は漏れているなど、網羅的な情報がなく、インターネットを使いキーワード「女性議会」（検索エンジンはGoogle）による検索は二〇〇三年五月一日で一〇八〇件あり、情報源として有効だが、確認が必要である。

前述したように、女性議会の開催にはいくつかの理由が見られるが、以下に改めて、どのような地方自治体がどのような理由で女性議会を開催しているかについて検証してみたい。

女性議会の歴史の中で特異な事例として富山県の自治体があげられる。たとえば、立山町では昭和三三（一九五八）年度に第一回の青年議会が男女一緒の活動として、年四回開催された。当初の目的は町村合併にともない、町議会に旧町村すべてがその代表を送り込めないところから、青年団が模擬議会を開催し、意見の収集・調整を行った。二回目からは執行部の役割も参加者が担い、「政治感覚の鍛成と町行政の研究」（第三回）を目的として毎年開催されたが、第五回ころには「町政に青年の声」をというように変化して中断した。昭和四二（一九六七）年に青年議会が復活し、一九七〇年からは婦人会も毎年開催するようになった（『立山町史』参照）。その後、三〇年間婦人会が主催で女性議会が毎年開催されてきたが、参加者が不足してきたために、二〇〇〇年で「女性議会」を終了し、「市民議会」に生まれ変わっている。同じ、富山県の大門町では、町役場の建物の完成記念をきっかけに二〇年間、毎年開催してきたが、こちらも参加者不足のために終了している。富山県の場合、「青年団からは議員が生まれているんですが、女性はまだです」（二〇〇二年九月一三日、富山県立山町婦人会長堀実子へのインタビュー）というように、女性議会を長期的・継続的に開催しても、なかなか本物の女性議員が生まれなかった。二一世紀を目の前にしてようやくその歴史に変化が生じ、新湊市（一九九九年）、大門町（一九九九年）、氷見市（二〇〇二年）などで初の女性議員が女性議会の参加者から生まれている（3節に詳述）。

山梨県櫛形町では、男女共同参画プランに女性議会が位置づけされており、隔年で五回開催されたが、二〇〇三年四月に町村合併があり、南アルプス市になった。櫛形町長が南アルプス市長に選出されているので、女性議会が継続されていくことを期待したい。

岩手県藤沢町は女性議会を、平成二年から連続して一四回開催している。藤沢町は人口一万人ほどの小さな町であるが、性別・年齢を超えて「できることを、できる人がする」という仕組みを自治体主導で作りあげている。女性消防団、全村民のボランティア登録など地域に根づいた施策があり、女性議会においても実践的な議題が提案されている。しかも、女性議会の参加者の中から本物の女性議員がすでに三人生みだされていることは注目したい(2)。また、女性議会で発案された提案の八〇%が実現されているという女性議会実施自治体の優等生である。

女性議会の効果の一つは女性の政治的関心を高めることにある。その効果が発揮されれば、本物の女性議員を生みだす力になる。特に、都市部ではない、投票率が高い、高齢者比率が高い地域（これらの条件はおおむね重なっている）では、女性議員がまったくいない議会、すなわち女性0《ゼロ》議会が少なくない。そのような地域の議会に女性が一人いるとすれば、全国に一二〇〇人以上の女性地方議会議員を送りだしている共産党の議員である。共産党の場合、党組織によって選出されることが多く、しばしばその選挙区全体から選出され、特定の地区・地域との接点が薄く、必ずしも地域の女性とつながりが深いというわけではない。

女性議会の経験者は、地域との接点を深くもって、地域における生活への責任者としての視点をもっていることが重要な政治的資源である。過疎地においては、女性だからという理由で地域行政が女性との協力を拒むようであれば、行政も立ち行かないのが現実である。行政サービスの協力者として、女性の政治参加は行政の要請するところとなっている。

2　政策の波及

女性議会は、一九九〇年代男女共同参画の時代になって全国的に広がった。県が女性議会を先駆的に開催した場合、その効果は大きく、県内に開催する自治体の数が増える。たとえば、山梨県は「県婦人行動計画」を一九八一年に策定、一九九一年には「やまなし女性いきいきプラン」を、一九九八年には「やまなしヒューマンプラン二一」を策定し、その記念に一九九八年九月一一日、女性議会を開催した。その効果は、山梨県内の自治体で女性議会の開催数が増加しただけでなく、山梨県女性議会に出席した女性たちが、一九九九年四月の統一地方選挙に立候補し、六人がそれぞれの自治体の初の女性議員として当選している。さらに、そのような女性の積極的な動きを知った一人が九九年一〇月の村議会選挙に立候補し、お金をかけない選挙を展開、初の女性議員になっている（市川房枝記念会、二〇〇二）。三重県でも同じように、県の女性議会開催が市・町の女性議会開催の流れを作っている。

地方自治体の間で同種の政策が伝播することを「政策波及」といい、その波及には垂直型と水平型があるという（伊藤、一九九九）。情報公開法を事例に「政策波及」を取り上げた伊藤は、政策の波及にはゆるやかな山型のカーブを描くパターンが見出せることを明らかにしている。すなわち、時間の経過と共に少数の「革新的採用者」とそれに続く「初期少数採用者」が現れ、多数のやや革新的な「前期多数採用者」が続き、これによって採用者が過半数に達すると保守的な「後期多数採用者」の増加を見る。そして、最後に保守的な「少数遅延者」が採用することになる（同前）。

女性議会という政策が県レベルで実施され、市町村議会に女性議員の誕生を促している実態はまだ全体像が明らかになってはいない。しかし、女性議員比率の低い地域で、女性が地域の政治に関心をもったり、女性議員の輩出するきっかけとなっているなど、女性議会のもつ意味は大きい。山梨県の例は、国の「新国内行動計画」（一九八七年策定）や「男女共同参画プラン」（二〇〇〇年策定）などが地方自治体に「政策波及」をもたらし、具体的な施策として女性議会が開催され、国の女性政策が目的とした女性の政策決定の場への進出という果実を得ている事例である。

女性議会に関しては、国においても地方においても「政策」とは捉えられていないために、総合的で信用できる統計がない。そのために、十分な検証はできないが、現在までの調査によれば、平成一三（二〇〇一）年をピークとするカーブが現れており、「政策波及」のパターンを作っている。たとえば山梨県・三重県では明らかに「政策波及」が垂直的に起きている。また、藤沢町の担当者によれば、藤沢町の女性議会への問い合わせも年間を通じてかなりあり、今後水平的「政策波及」という形で広がっていくだろう。

前述のとおり全国各地の県または市町村で女性議会の開催数に関しての総合的な調査はないが、全国市議会議長会の発行する『市議会に活動に関する実態調査結果』には、「議会が主催または共催する場合の子ども議会、女性議会の開催状況」という項目で女性議会の開催数を調査している。たとえば、平成一三年度には子ども、女性議会は一二〇市一二九件が報告され、女性議会は一六件である。

全国町村会では毎年発行する『町村議会実態調査』に、平成一〇年「模擬議会」という調査項目を入れ、「子ども議会・婦人議会の開催状況」を掲載している。二〇〇一年の調査から「婦人議会」を「女性議会」に改めているが、その違いをどこまで説明しているのかについては明らかではない（二〇〇三年五月八日、全国町村会議事調査部におけるインタビュー）。ちなみに、平成一〇年婦人模擬議会三五件（子ども一八七件）、平成一一年婦人模擬議会五五件（子ども一九三件）、平成一二年模擬議会五六件（子ども二四八件）である。

国の「国内行動計画」「男女共同参画プラン」また、一九九九年に施行された男女共同参画社会基本法にも「女性議会」という文言はない。また、平成一三年度八月にまとめられた「地方公共団体における男女共同参画社会形成又は女性に関する施策の推進状況（概要）」の目次にも女性議会の開催は集計されていない。このように、女性議会は国、市、町村レベルの行政においても、ほとんど注目されてこなかった。

3　参議院の女性国会

政策の波及効果ということで見過ごせないのが、一九九七年に開催された参議院の女性国会である。一九九七（平成九）年一〇月四日、参議院の全議席は全国から集まった女性で定数の二五二が埋まった。その目的は参議院創設五〇周年の記念であり、「女性の視点から見た二一世紀の日本――男女共同参画社会を目指して」（報告書副題）であった。

女性国会の参加者は、個人単位で公募に応じた女性一二五六人の中から、抽選で選出された。女性国会は一〇の委員会と本会議で構成され、議長、副議長、委員長、副委員長は参加者が互選で選んだ。各委員会では、有識者二人からの提言をうけ、全委員が意見を述べ、その後に議論が展開された。女性国会議員がコーディネーターとして参加して、公募で選ばれた女性たちと意見交換を行っている。参加者から国会への要望も多くだされ、最後に各委員会の委員長、副委員長によって起草された「女性国会宣言」を採択して、打合せや懇親会を含む全日程を終えた。ちなみに費用は、交通費は自弁、宿泊費（一泊、オリンピック青少年センター）、懇親会等の費用は参議院が用意した。

参加者は年齢、地域を考慮して抽選が行われたために、多様である。参加者に関して興味深い点を以下にあげる。

1　日ごろから問題意識をもっていて、非常に熱心に討議し、情報交換がなされた。
2　現職県議一人、市議一二人、区議一人、町議六人、村議一人、元市議一人、元町議二人が参加している。
3　「女性国会」が、その後女性地方議員の進出にどの程度影響したのかについては、事後調査などがないので不明であるが、三人の名前が九八年以降の地方選挙立候補者の中に見出された。
4　参加者の中から次の選挙で女性を立候補させるための、バックアップ体制を作ろうという提案があり、その動きは一九九九年、二〇〇三年の統一地方選挙で発揮された。
5　一部の委員会では参加者が自発的に全国的なネットワークをつくった。

「朝日新聞」は一九九七年一〇月三日の社説の一部で、「〈女性国会〉なんて変だ」と題して「女・子どもとひとくくりにしたのか」と疑問を呈している。それは、同年八月末に開かれた「子ども国会」に引き続き、女性国会が開かれているからで、「わざわざ大人の女性を集めて、模擬国会を開く。国会という場が、それほど女性を阻んでいるという証だ」と、「女性国会」に異議を申し立てている。

参議院議会事務局の当時の担当者は「女性国会は五〇周年のイベント」として開催した、と述べている（二〇〇三年三月二五日インタビュー）。また、町村における統計を集めている町村議長会でも、「あれはイベントでしょう」と認識している。女性国会を準備した人たちや行政はあくまでも「イベント」として行ったのである。

女性国会の参加者は「イベントとはいえ、開かれたことに意義がある。この成果を広げていきたい」と積極的に評価して、前述のようにその後の活動に生かしている。その意味において、「政策波及」ということは可能であろうが、政策の執行者の意図ではなかった。

4 初の女性議員誕生——女性議会をきっかけに

1 富山県新湊市議、久々江とみ子(3)

新湊市では、一九八八年から一〇回女性議会が開かれた。一九九四年の女性議会開催にあたり、市川房枝記念会の常務理事、山口みつ子が新湊市で講演した。山口は「いつまでも模擬をしていないで、本物の議員をだしたら」と女性たちにハッパをかけた。それまでに二回女性議会に参加していた久々江とみ子は山口の話を聞き「新湊にも女性議員が必要だ」と思った。そこで、二人の地域の女性リーダーに、間もなくある市議会選挙に向けて立候補を要請した。久々江はその二人のリーダに「初の女性議員をめざして、後に続く女性のために道を拓いてほしい」と依頼した。しかし、一人は「私は女だから、選挙の手伝いはできるけれど、自分がでることはできない」と断り、もう一人は「議員は三期やんなきゃだめだ。自分はもう年だから三期できない」と年齢を理由に断わった。結局、その選挙では女性候補者がでなかったので女性議員もでなかった。

四年後に久々江が社民党から立候補を打診されたとき、前回の選挙の時に自分が他人に要請した同じ文言を今度は自分がいわれる立場になった。「人間ちゃあ、いった言葉は守んなきゃならん」（久々江へのインタビュー、二〇〇二年九月一四日）と、悩んだ末に初の女性議員がでるために「産道をつけよう」と立候補を決意したが、無所属で立候補した。

久々江は自分で立候補をきめたが、新湊市には市議会選挙には地区推薦という伝統があり、地区の決定によって候補者が決まる。そういう場合には「地区から頼まれて立候補する」ので、地区の推薦が得られる。当選すれば、地区の利益代表になるから、推薦した地区は他の地区との競合に勝つために、選挙活動に協力する。ところが、そのような選挙の「きまり」は久々江のように自分から積極的に立候補する人には適用されない。同時に地区の住民は地区が推薦した候補者以外に対しては地区全体の応援もしない。自分の住んでいる地区の推薦も、長年参加してきた婦人会からも、そして女性議会の参加者からの応援はなく、久々江の選挙は組織的な応援がない選挙であった。

新湊市では二〇〇三年四月の県議会選挙で、元職の社民党議員が自民党から議席を奪還しているほど社民党が強いジバンをもっている。一九九九年の市議会選挙で久々江は社民党の推薦は受けたが、無所属として立候補したので、苦しい選挙であった。結果は定数二一のところ、久々江ともう一人が同じ票数で二一位、二二位となり、くじ引きで当選者をきめることになった。久々江がくじ引きをした相手は社民党の候補者であった。久々江は自分が勝ったとき、「天は自分の味方だ」と思った。その結果、久々江は最下位、しかもくじ引きで当選が決まったものの、新湊市初の女性議員になった。

久々江は障害者の夫を支えて、長くボランティア活動をしてきて、地域のボランティア団体連絡協議会副会長であった。そのような活動は選挙の資源になったと考えられる。「夫は〈お前がいわれたのだからやったら。オレは応援しちょる〉といってくれたんです」と、久々江が述べるように、夫の協力は女性選挙には重要な資源である。とはいえ、久々江が新湊市議会初の女性議員になったのは、女性議会に参加した経験から「女性議員」が必要だという強い意思をもったことであり、それが一番重要な資源であった。

久々江は二期目の選挙では一六位になり、五つ順位を上げた。自分が地域で福祉政策を中心に貧しい人たちの懐に飛び込んで、その声を市政に生かしてきた活動が認められたのだと思っている。久々江の二期目の選挙でもう一人女性が当選していることから、久々江が女性議員の「産道」をつけたのは間違いない。

2　富山県氷見市、浅地芳子

氷見市では、二〇数年前に女性議員が一期だけ勤めているが、現在の有権者はほとんどその人のことは覚えていない。市議会に長い女性不在の期間が続いている。

浅地芳子は一九九八年に氷見市で第一回の女性議会が開催されたとき、婦人会会長という資格で参加し、議長を勤めた。一九九八年一〇月の市議会選挙は自分が立候補するにはちょうどいいチャンスだと思った。しかし、商店街の真中に事務所をもつ自営業の夫から「選挙は金がかかる」と反対された。二〇〇二年一〇月末の市議会選挙を控えた九月に女性議会経験者が集まった会合でも、浅地はあと一カ月余に迫った市議会選挙への出馬を迷っていた。

そして、選挙の一カ月前になって浅地は女性議会の参加者を中心とする周囲の女性たちに励まされて、遂に立候補を決意した。夫の立場にも配慮して、選挙の三週間前に自民党県連から推薦を受けた。地区からの推薦はなかったが、商店街自治会の推薦を得ている。「自民党はイヤだ」と、浅地の選挙に協力できないという女性もいないわけではなかった。しかし、浅地はでるからには当選しなければと決意していたし、浅地に立候補を勧めた周囲の女性たちは「自民党だって、なんだって当選させることが大事。自民党をのっとるほどの勢いで行こう」と、女性議会の参加者を中心に、短い選挙期間にあちこちに声をかけた。氷見市の選挙は定数二二人のうち一七人が自民党から推薦を受けるが、全員「無所属」という選挙である。

浅地は最下位で当選した(候補者二三人、定数二二)。最後の一人の候補者は、立候補受付当日の午後に立候補届けをだした「かけこみ候補者」で浅地がでなければ無投票であった。

浅地の場合、本人の政治的意欲を周囲の女性たちが支え、立候補、当選へつなげた。その基本には女性議会による女性のつながり、男女共同参画への期待があったからで、「女性議会がなければまとまらなかった」(浅地の選挙を応援した女性議会参加者の言葉)。

浅地の場合、自民党の推薦は受けたものの、当選後も「無所属」を貫き、さまざまな「男女共同参画」推進プログラムに「氷見市のたった一人の女性議員」として参加している

3 新潟県中郷村、白石智慧子、山崎智恵子

二〇〇三年四月二二日、新潟県中郷村に初の女性議員が二人生まれた。一人は白石智慧子、もう一人は山崎智恵子で、二人とも中郷村開催の女性議会に二〇〇一年、二〇〇二年と二年続けて参加した。白石は

二回とも議長をつとめ、山崎は目下子育て中で、その経験から子育て支援を質問した。

白石は自営業の夫の手伝いを四〇年してきて、商工会の女性部長も勤めてきた。二〇〇二年に仕事は長男夫婦に引渡し、引退した。そこへ、役場や商工会から立候補の誘いを受けた。白石は商工会推薦で女性議会の議長を務め、行政と地域からの信頼を得ていた。広域に進められている合併協議会には住民代表の一人として「女性議会議長」という肩書きで出席し、高齢者介護の問題を「女性の立場から意見を発表した」。その時、「そういう意見は大切だ」と合併協議会の中でも白石の存在が認められた。そのような政治経験によって、白石は自分の発言が地域から認められ、そして地域を変えることを実感して、本物の議員になることへの意欲をもった。

白石が選挙にでることを決めたとき、女性であるにもかかわらず、自分の住んでいる地区推薦を受けることができた。村では議員は地区の利益代表としての性格をもつのであるが、彼女が地区推薦を受けることができたのは、彼女の地区から長い間議員がいなかったからである。「どうしても、何でもうちの地区は遅いのだわ」という現実を白石と地区の役員が共有していたので、地区推薦を受けることができた。

山崎智恵子は、国際キリスト教大学卒で、東京でしばらく高校教師として勤め、結婚のために中郷村に帰ってきた。公民館の社会教育指導員として勤めていたが、子産み・子育てのために退職をすることになり、自宅で英語塾を始めた。そして、新潟県女性財団の主催する男女共同参画塾に参加して、自分の経験と照らし合わせて、男女共同参画の重要性に気が付いた。二〇〇一年中郷村で初の女性議会が開催されることを知った山崎は公募で申し込んだが、公募に応じた女性は山崎一人であった。

中郷村の議員は一人を除いて、自民党系無所属である。一人は副議長の公明党議員で、山崎に立候補を勧めてくれた。山崎が誘いを受けて村議会に立候補するにことに関して、夫や家族の反対はなかったし、地区から議員がでていないために、地区からの積極的な支持はなかったが反対もなかった。山崎の際立った一般村民との学歴、経歴の差は、彼女の資源である。

中郷村に二人の初の女性議員が誕生した最大の理由は、合併が予定されていて、議員の任期が二年と短く、候補者が定員に満たないことが予想され二人の推薦に結びついた。結局、白石、山崎は二人とも無投票で当選した。

二〇〇三年統一地方選挙の一つの大きな争点は、全国的に進められている合併問題であった。合併をするか、しないか、するとすれば周辺のどの市町村と組むのかなどの大きな問題をクリアする前に、合併の日程だけは決まっているという上からの「平成の大合併」である。合併問題を抱えた自治体の首長選挙が統一地方選の争点であったのは、合併を二〇〇五年三月三一日までに行えば、合併特例法により国からの財政支援措置を期待できるからである。

中郷村は近隣一〇市町村との合併が決まっており、今回の選挙で選出される議員の任期は合併までの二年弱である。中郷村では議員でいる期間が二年弱と短いことは、立候補者を少なくする効果として働いた。その理由の第一は、地域の選挙はなにかと金がかかる。その金を回収するには議員在職が二年では短すぎ、四年在職してうまく回収できるようになっている。そのため立候補を踏みとどまる人がいた。第二は、合併すれば中郷村の議会はなくなり、合併後の議員定数は少なくなる。合併後の広域の議会に当選することは非常に難しい。また、広域となるので、村での仕事との両立はできなくなる、など「これを機会に引退」を考えた議員がいた。

中郷村の村役場では、村議会のそのような事情をつかんでいて、合併に向けてさまざまな決定が行われるこの二年間の議員を選出する二〇〇三年の四月の村議会選挙で定員割れになることを危惧した。そして、白石は行政から、山崎は公明党の議員から、「再選挙になると困るから是非出馬するように」と請われて立候補を決意した。二人は立候補当日一日だけ選挙運動をしたが、立候補届け出締め切り時間を過ぎても立候補者数は定員を超えることなく、立候補届けをだした人は全員当選になった。白石も山崎も投票日を待たずに、しかも一日だけの選挙戦で当選が確定し、「初の女性村会議員」になった。

4　小括

ここでは、いずれも女性議会を一つのきっかけとして「初」のあるいはほとんど「初」に近い女性議員となっている事例を長年女性議会が開かれてきた富山県と、最近になって女性議会が開かれるようになった新潟県において検証した。

紹介した四人の女性のような初の女性議員の誕生は、女性議会の開催者である自治体が女性議会の開催にあたって企図した効果とはいえない。しかし、女性議会に内包された女性へのエンパワメント機能が選挙資源として活用されたと思われる。その資源となったエンパワメント機能は三つある。

第一は、女性議会に参加したことによる知名度である。女性議会に出席したことで、いわゆる「カンバン」が上がった。特に、中郷村の白石、山崎の場合にはもし女性議会に参加していなかったら、彼女たちが政治的な存在であることは行政や推薦者に知られることはなかった。また、自治体全体に配布される自治体広報がしばしば女性議会を大きく取り上げ、トップに掲載され、知名度を上げる「カンバン」に寄与していることも見逃せない。さらに、女性議会の参加者はしばしば女性団体の推薦によって参加している。その場合には、参加者はその団体の活動の中心的なメンバーであり、女性議会への参加は、それまでの活動に一定の信用と評価が団体または行政によって認知されたことになる。そして、活動が抱えている課題を議会で政策として表象することで、団体内においての信用が高まり、選挙の資源となった。

第二は、女性議会によってその地域に男女共同参画の推進への道筋として女性議員が必要だ、という認識が自身と周囲の女性の間に生まれたことである。新湊市の久々江や氷見市の浅地の場合、あるいは、中郷村の白石も、女性議会への参加経験が本物の議員に立候補する決意を促している。女性議員比率が低い地域では、議員に女性が少ないだけでなく、その他の公的な会合に「住民の代表」として女性がでることも少ない。浅地や白石は女性議会の議長であったことで、住民の代表として、合併協議会や県のプロジェクトに参加し、住民の声のチャンネルとして、あるいは「女性の立場を生かす」ために出席を要請されるなど、新たな経験を積んでいる。彼女たちが住民代表とみなされたのは、女性議会への参加によるものであった。そして、彼女たちは自治体の政策の流れを理解して、自分の周囲の人々に対して政策の周知を行うなど、自覚的に女性としての政治参加を推進している。

第三は、女性議会に参加したことは女性を政治的存在としてみるなまなざしがなかった地域の性役割意識を揺るがしたことである。女性議会は多くの場合行政が主導している。そして首長以下、主だった行政職員が参加している。そのような公的な場にまとまった数の（議会の定員と同じ数と主催者としての団体の女性リーダーたち）女性が集まり、政策議論を展開する。そのこと自体が参加者の女性と周囲の男性の「政治は男の仕事」というようなジェンダーによる「見えない権力構造」を揺るがせる。さらには広報によって「近所のオバサン」がしっかりと政治役割をこなしていることを知る。しかも合併が取りざたされるような地域では、たとえば福祉の担い手としての女性は行政の職務を執行していくために不可欠なパートナーである。ところがそのような地域では女性の政治的役割は大きくなっているにも関わらず、女性であることだけで、黙っていなければならない構造が深く存在している。初の女性議員が生まれた地域では、女性議会に内包された機能がジェンダーを揺るがす仕組みとして働いたのである。

もちろん、選挙となれば女性議会によるエンパワメント機能による資源だけでは当選できない。資金も必要である。地域の女性たちは白石のように長く働いてきている人もおり、自分個人の資金を選挙資金として使っている(4)。また、久々江や浅地の場合のように夫の協力も女性の候補者の場合大きな資源となる。ここで見たように、中郷村のような政治的機会と女性議会のエンパワメント機能、選挙に使える金や夫の協力などの資源がうまくかみ合わった時に、男性ばかりの議会に初の女性議員が誕生する。

5　初の女性議員誕生を見送る

ここでは、女性議会が継続的に開催されている地域において、女性議員がまだ生まれていない事例を紹介する。プライバシーに配慮して一部自治体名と個人名を仮名とする。

1　山田松子（仮名）の場合

A県B町は女性議会が継続的に開催されてきた。女性議会が長年継続されたのは、男性だけに政治を任せてはいけないとか、女性の声を町政に反映させようという女性の高い政治意識からというより、むしろ、女性は「模擬」でもやっていればいい、という保守的な性別意識に基づいていた。婦人会長は年々女性議会の参加者集めに苦労していたが、自分の代で女性議会を終わらせたくないという気持ちで頑張ってきた。

山田松子が立候補を決意した直接の理由は、一九九五年に北京で開かれた第四回世界女性会議に出席し、女性を政策決定の場にだそうと決定した「北京行動綱領」と世界の動きに刺激を受けたからである。また、その後、できたばかりの県の女性センターで行われた催しなどに参加し、県内の女性たちと連帯意識が生まれ、保守的なB町を変えたいと思った。そこで、山田は二〇〇二年一月の町議会選挙に初の女性議員になるために立候補した。

山田はB町生まれの夫と東京で結婚し、三〇年前にB町に住むようになった。地方によっては、地元生まれでない妻は、結婚して何十年経っても「外からきた人」とよび区別するが、山田松子もその例外ではなかった。山田はB町に移り住んでからミシン刺繍の下請け工場を経営するようになった（一九七三年）。盛んなときには、数人の地元主婦をバイトとして使うほどで、夫も彼女の仕事を手伝うようになるなど、B町では目立つビジネス・ウーマンであった。山田は婦人会、商工会、農協婦人部、男女共同参画推進員などの地域の活動に参加してきた。山田が経済的自立を実践していることに対して、伝統的な女性イメージをもっている婦人会の幹部は「冷たかった」。山田はこの町で開催された女性議会に二回参加している。

山田は立候補を決意してから、自分もメンバーである婦人会に「B町の初の女性議員になりたい」と、応援を依頼したが、「そういうもんは、声をかけられてからやるもんじゃ」と、山田が自ら立候補したことが悪いことのようにいわれて、応援は断わられた。山田は自分の地区にも応援を依頼したが、「この地区には、他の候補者（男性）がいるから」と断わられた。その頃には、分家である山田のところに、本家を通して立候補を取りやめろといわれるなどさまざまな反対を受けた。山田は「女性の声を町政に、あたたかく心のかよう福祉のまち、ごみの減量化で循環型社会を」という公約をたて、B町以外の女性たちの応援を得て選挙を戦った。結果は、最下位当選者から三二四票引き離され、唯一人の落選者となった。このとき公明党から立候補した女性がB町の初の女性議員に当選している。

2　女性議会と首長選挙

山梨県櫛形町では、一九九四（平成六）年に「男女共同参画プラン」を策定し、その中に「女性議会」を位置付け、一九九九（平成一一）年には「男女共同参画都市宣言」を行っている。このような山間部の人口一万九千人ほどの町が女性政策において先進的なのは、町長石川豊（一九八四年から五期目、二〇〇三年近隣五町村との合併後は南アルプス市長に当選）がかつて山梨県の男女共同プランを策定した行政職として、男女共同参画の苦労を知っているからだという（櫛形町企画情報課企画係へのインタビュー、二〇〇二年九月四日）。このようにプランの早期策定自治体には、しばしば首長による積極的な取組みが見られる。

茨城県波崎町では、一九九四（平成六）年四月に茨城県内の他町村にさきがけて、女性行政係りを新設、町民代表らによる女性行動計画策定委員会を一九九六年度に設置、一九九七（平成九）年に策定された波崎女性行動計画「はさき・サンサンプラン――ともに生き、ともに創る男女参画のまち」は、波崎町第三次総合計画に基づく個別計画として諸施策を綜合的・効果的に推進する目的をもつ。そして、九七年一一月二四日に男女共同参画都市宣言を行った。

それに先立ち、宣言都市推奨事業として、波崎町女性議会を一九九七年一〇月二〇日に開催した。その後毎年宣言関連事業として女性議会を開催、二〇〇三（平成一五）年には第七回の女性議会が開催されている。また、二〇〇二（平成一四）年四月一日には波崎町男女共同参画推進条例が策定されている。セクハラやDVに対する目配りもあり、男女共同参画条例策定がバックラッシュを受けているこの時期に策定されていることは注目すべきことであるが、二〇〇三年の統一地方選挙でも二六人の議席はすべて男性によって占められている。

なぜ、波崎町で女性政策が進められているのかについての問い合わせに対して、「首長の村田康博がリーダシップをとってきたから」と行政からの返事をもらっているが、なぜ、町長が女性を応援しているのかについては現時点では十分な情報が得られていない。

C県Y市では、女性団体が「実行委員会」を結成し、市議会の議場を使って女性議会を開こうとしたところ、議会から「一般団体の行事に議場を貸せない」とクレームがつき、第一回は福祉会館で開催した。翌年第二回の女性議会は、紆余曲折があったものの市長の強いバックアップを受けて、市議会議場で開催した。しかし、第三回目には、また議場が貸してもらえなかった。Y市は企業城下町的性格があり、企業関係者の推薦を受けた市議会議員の力が強い。二期目を迎える市長は環境派として当選し、企業・労組推薦の議員と対立してきた。さらにゴミの焼却炉を決定するにあたって、市にある企業の競争相手のものに決定したところから、市長と議会の亀裂は修復できないところにまで深まった。そのような権力闘争は、女性議会の開催に対して「市長が応援するから」という理由で、議会が反対するまでに至っている。

二〇〇四年五月の市長選挙で女性議会を支援してきた現職市長が選挙で負けた。二〇〇三年秋の女性議会は、議会から「ギカイという名称は、選挙で選ばれた人たちだけが使うものだ」とクレームがついて、名称の変更が求められるなど、女性議会の継続的開催が危ぶまれている。Y市には女性議員は一人もいない。行政と市長、そして女性の間に入って苦労してきた女性団体のリーダーは「いつになったら初の女性議員が生まれるのでしょうか」と展望が見えてこない現実に苦しんでいる。

首長が女性議会を支援するのは、表向きは女性の意見を行政に取り入れるという理由であるが、本音のところは女性票をめあてにして女性議会を応援しているのではないかと推測できるが、誰かが明確に証言しない限り証明はむずかしい。

たとえば、D県E村という人口六四二五人（平成一四年三月）という小さな村においても女性議会と首長選挙が微妙に繋がっているように推測される。一九九八年にD県としては早い段階で、女性団体の要望によって女性議会が実現している。この村では長い間村長選挙は無投票であったのだが、二〇〇三年の村長選は現職への対抗馬があり、久し振りの選挙になった。一九九七年に無投票で当選した村長が女性票を意識して女性団体の要望を取り入れたのかについては不明であるが、女性団体の代表は「男女参画を何か形にしたかった」と述べている。両者にそれぞれに思惑があって女性議会が開催されているようだ。この村にも女性議員はいない。

まだほかにも首長の支援で女性議会が開催された事例は少なくない。比較的長い間女性議会が開催され、女性が政治経験を積み、首長の支援もある。そして時には男女共同参画を推進する過程で女性議会が開かれている場合も見受けられる。それでも、本物の女性議員は生まれていない事例が見られる理由を考えてみたい。いくつかの自治体の調査でも判明したが、「女性議会」を開催することだけが目的となってしまい、その後の発展として女性を本物の議会に送りだすことを女性たちが視野に入れていないことである。参加者は、模擬ではあっても、議場に入り、議席に座り、壇上から質問を行う。このような体験を通して、議会を身近に感じ、本物の議員の仕事の内容を知り、「なんだコンナことをやっているのか」と思ったり、自分を議員としてイメージできるようになっている。

日本では女性が国、地方を問わず議員として非常に少ない数しか選出されていないために、議員としてのモデルが限られている。女性の生き方のモデルがないことは、特に小さな町村では「男性が政治を独占する」規範、すなわち、ジェンダーによる「目に見えない権力構造」によって、男性優位の政治世界が再生産されるままに放置される。女性議会の参加者は「模擬」だからということで軽い気持ちで参加したのであったが、実際に議場で首長とやり取りしたことで、「こういうことは男衆にだけやらせておいてはだめだよね」(F村でのインタビュー)と政治過程への関わりから、内面化されたジェンダー規範を変革する気運がわずかではあるが、確実に生まれている。

しかし、そのような意識の変化を起す参加者は少数派で、多くは「市長さんのお蔭で私たちは女性議会を開き、意見をいえるようになったのですよ」と支援してくれた首長への感謝を口にする。彼女たちは、議会に女性がいないのであれば、行政は女性の声を自治体の政策に反映させるチャンネルを用意しなければならないことにまだ気づいていない。あるいは、本物の議員たちによる女性議会の排除など、女性の意見を「まちづくり」に生かしていくことに対して配慮が足りないことへの批判もあまり聞かれない。場合によっては、女性の意見の表明ができるほかの方法が用意されていても、積極的にその方法を利用する気持ちをもっていない。政治参加への十分な意欲と展望をもたないままに、女性議会が用意され、そこに参加し、首長相手に公式的な発言したり、政策提案することによって一定の満足が得られしまい、そこから発展しない。

女性議会の効果については、そのエンパワメント機能が生かされて、ジェンダーによる「見えない権力構造」を揺るがす場合と、公式な議会は男性の仕事、女性議会という模擬議会は女性の仕事と、ジェンダーによる「見えない権力構造」を強化する場合とがある。フィールド・ワークを重ねて観察してきた経験から、今後は女性議会のエンパワメント効果が広がっていくことを期待したい。

3　地区推薦という壁

1　G県F村の女性議会

二〇〇一（平成一三）年一一月一二日にG県F村で初めての女性議会が開催された。目的は「女性の意見を村政に反映」（広報、平成一三年一二月号）させるためである。二〇〇一年二月に就任した新村長Sは選挙にあたって若い農業者との懇談会「ヤングマン・テーブル」や「女性の登用」を公約した。そのような試みをSが行った理由は、二〇〇一年二月に執行された前村長死去に伴う村長選挙は三つ巴の苦しい選挙であったことと関係している。

F村の場合、前村長は八九歳で一〇期目の任期中に亡くなった。新村長は四〇年近く続いた前村長のやってきたこととの違いを見せていかなければならないうえに、平成一七年には合併が決まっている。合併後の展望を開くためにも、Sは強固な支持基盤が必要で、「実際活動をしている女性が、女性の立場で前向きに発言すること」を女性議会に期待し、「二〇〇三年の村議会選挙で女性が初の議員になることを期待している」（二〇〇二年四月、村長Sへのインタビュー）と述べている。

村の女性たちは、「村に働く場がほしいんです」、「私ら四〇年間も黙って来たのだから、もういわせてもらおう」など積極的に女性議会に参加した。公募に応じたのは、参加者の半数の一一人で、残りの人数は役場の職員が村の女性団体などに声をかけて集めた。他の自治体の女性議会では一～二人しか公募に応じる人がでてこないが、F村では半数が公募で集まり、女性の政治参加への意欲の高いことを示している。

二回目の女性議会の開催はF村企画課では「やる」といいながら、なかなか具体化しなかった。結局、二〇〇二（平成一四）年一〇月一七日の午前中開かれた。女性議会が終わった直後に参加者は、昼食の席上で「女性議員がほしい」といいだし、「誰さんがいい」と名前さえでる勢いであった。「〇〇はムコとりだから、でられるよね」「△△は地区に誰もいないからでられる」「◇◇は外の人だからだめだ」と女性たちの間で、それなりに候補者の資格審査が行われていた。しかし、その時点で名前のあがった人に二〇〇三年九月の選挙の一カ月前に連絡すると、合併前の「最後のチャンス」であったにもかかわらず、「村にはいろんなしがらみがあるんです。女がでるにはまだ時間が必要なんです」という。結局女性は立候補できなかった。

2　地区推薦——F村の場合

F村はどこにでもある、女性を政治的主体と見ない性別役割による女性排除に加え、経済的な責任のあり方、姻戚関係などさまざまに女性を政治の場から排除する「農村型セクシズム」（高橋・田邊、二〇〇三）が生きている地域といえる。複雑にからんだジェンダーによる「見えない権力構造」が、インフォーマルなシステムとして定着しているのだ。このような「見えない権力構造」はF村にだけ見られるものではない。そのような地域においては、地区推薦は相当多くの地域で長い間維持され、未だに選挙の推進力となっている。そしてそれが同時に、女性排除のシステムとなっている。女性排除のインフォーマル・システムの代表的なものが「地区推薦」による議員の割り当てである。

表に見られるようにF村には、地区推薦制度があり、選挙の度に作動していることが分かる。選挙になると、地区割り当てがキッチリと出来上がっているために、新人は地区推薦がない限り選挙にはでられない。地区推薦に関わる人たちはF村の「どん」と呼ばれる家柄の家長である。しかも、村長になる家柄の「様」と区分されている。F村のエリートに属する伝統的な家長である「どん」は自分たちの地区の代表として女性を推薦することはない。

F村の村議会は一九七九（昭和五四）年から二二議席で、二一議席は無所属が占め、一議席は共産党が維持している。共産党は一九九五年に一度議席を失ったが、一九九九年にはトップ当選して復権するなど、唯一の政党としての役割を果たしているかのように見えるが、実際は三七歳で初当選した一人の議員によって二〇年間議席が維持されており、都市部に見られるように交代することはない。

二一議席は無所属であるが、明治三四年の町村合併でできた五村が「大字」という行政区となっていて、F村では「地区」とよばれている。議員は地区を代表する形で村議になっていて、以下のような議席の割り振りがなされてきている。

表　村会議員選挙結果――G県F村

地区名＼年	1987	1991	1995	1999	集落人口（2000年）
甲（9集落）	4+1	4+1	4	4+1	2649人
乙（10集落）	3	3	4	4	1625人
丙（8集落）	5	5	5	5	2941人
丁（9集落）	4	5	5	5	2472人
戊（8集落）	5	4	3	3	2438人
議席	22	22	22	22	
候補者数（人）	25	23	23	23	
有権者数（人）	10,028	10,274	10,193	10,028	
投票率（%）	95.60%	93.80%	93.79%	91.28%	

ここで、＋1と表示したのは、共産党議員を示す。共産党はしばしば全村からの票を集めると考えられるが、F村では、地区の支援も欠かせない。

F村の村議選の特徴をあげると、

(1) おおよそ七〇歳をメドに引退している。

(2) 落選した場合には、再出馬しない。

(3) ほぼ人口に比例して村議の数が決められている。つまりは、票割がきちんとできている。

(4) 人口の割には戊地区の議員が少ない。七九年には共産党を含めると七人の議員をだしていたが、八三年には長老が引退。一九八八年に戊地区内に村営スキー場が完成、スキー場のある地域の議員は九一年の選挙には不出馬。また九五年には村長の身内が高齢のために引退したが、新人を送り込めなかった。

(5) 戊地区の議員数は、前村長の力が大きかった八〇年代までは議員の数が多く、高齢、多選批判などから村長の力のかげりが見えてきた九〇年代には入ると減少している。

F村で前村長が一〇期という長期村政を維持できたのは、公共工事による建設業者に支えられてきたからで、自分も建設会社を経営していた。F村には車はほとんど走っていない広い大きな道路、役場や文化会館という目立つハコモノ、山奥にはダムがあり、そこまで通じる林道の途中には県外の人は誰も知らないキャンプ場やレクリエーション施設がある等々、「地域活性化」のために相当の金が使われていた。支出をいかに増やし、その補助金なり、交付金を獲得することが村長のウデの見せ所であった。二〇〇五

（平成一七）年には町村合併になる。「村債の残高はどうやって処理するのでしょう」（F村の女性議会参加者）と本気で心配する女性の声がとおりにくい仕組みが、補助金や交付金の仕組みと建設業者そして行政の男性によるOBネットワークを作り、女性は「おこぼれ」に預かるだけであった。

このような財政のあり方はF村だけではない。地方の多くの県や全国の多くの町村が同じような経済構造、町村財政であることは間違いない。それが経済発展の底上げをしてきた多くの自治体の財政であり、女性が政策決定の場から排除されてきた理由の一つでもあった。そのような強固なインフォーマルな仕組みの外に存在する女性は、たとえ女性議会に参加して政治意識を高め、女性の連帯が強くなっても、経済と一体となったジェンダーによる「見えない権力構造」を打ち破り、変革へとする力としては十分とはいえない。

6　女性議会は女性政策

地方の場合、都市部と違って、圧倒的に男性のみの議会が多く、女性という住民の政治参加に対して消極的である。「地元や関係団体の票集め・票固め以外に、広く住民の声を直に聞くことに熱心ではない」（大森、二〇〇二）という状況は、少子高齢社会への対応や施策の充実を遅らせる。

最近、各地の自治体で開催されるようになった女性議会はそのような地方の女性が政治参加への意欲を高める機能をもっている。とはいえ、そのような女性は少数派で、多くの地域住民、行政職、参加者は女性議会が「模擬」議会で終わることにあまり疑問をもっていない。女性が女性議会によってエンパワメントされ、本物の議員をめざすことは、男性優位の政治世界が強固に構築されている自治体では、ジェンダーによる「目に見えない権力構造」に反することになる。しかし、女性議会の経験者は明らかに彼女自身の内部にジェンダーによる「見えない権力構造」への対抗を意識するような変化を感じている。今のところ、そのような強固な「権力構造」を突き崩す力としては、女性議会の機能や効果だけでは足りない。

とはいえ、合併という大きな政治環境の変化や政党が積極的に女性候補者を掘り出だそうとする政治状況が女性に政治的機会を提供することがある。また一部の行政職の中には、女性が政策決定の場に参加することへの期待をもつようになっている。その理由は、少子高齢社会の到来とともに行政のパートナーとして女性が不可欠になっているからである。女性議会のエンパワメント効果は、今後女性議員を増やす方向に向かう可能性をもっている。

経済が右肩上がりの時には、地方自治体には交付金や補助金が多く流れ込み、地域の産業が弱い自治体にとっては、「地域活性化」の建設事業が必要であった。そのために、建設事業を中心とする経済ネットワークが男性によって作り上げられ、そこに参加できなかった女性は、経済的弱者とされただけでなく、政治的発言の機会もなかった。しかし、経済の行き詰まりと人口の高齢化・過疎化の現実が、地方における「地域活性化」を停止・縮小させている。男性中心の地域における社会・経済ネットワークは崩れつつあり、男性も女性も生き方の見直しが迫られている。「地域活性化」の変化は、都市部より地方で大きく、新たな「地域活性化」は、経済や効率中心のものではなく、高齢者を中心としたケアワークや生き甲斐を求めるものに質的に変化している。新たな「地域活性化」の推進力の中心は女性で、男性は「失ったもの」への執着から、あらたな「地域活性化」に対応できていない。そのような状況の中では女性の政治への参加を認めないなら、地域の生活そのものが成り立たなくなっている。もはや、ジェンダーによる規範にこだわっていることはできない。もし、ジェンダーによる「見えない権力構造」をおしたてて女性を地域の政策決定過程から排除し続ければ、新たな「地域活性化」はますます不可能になってしまう。

このような時代の中で起きている、社会・経済の変化こそ、女性にやっと巡ってきた政治的機会である。この機会を生かして、本物の議員として政策決定の場に女性を送りだすには、候補者のプールに女性をもっと送り込んでおく必要がある。そう考えると女性議会は女性を候補者プールに送り込む一つの仕掛け、すなわち「女性政策」の一つと捉えられる。

女性議会の参加者の中には「本物の女性議員を生みだしたい」熱意をもち始める人がいる。たとえば、山梨県櫛形町の女性議会参加者へのアンケートでは、「女性も本物の議員になったらいい」（八二・八％）と思うが「自分が候補者になってもいい」は少なく（一一・四％）、「女性がでるときには応援する」（九四・二％）と応援態勢を作る気持ちがある。実際女性議会を通して形成されたネットワークが直接的に資源として女性議員の誕生のために作動した例は少ないが、ないわけではない。「応援する」人のネットワークの形成と候補者の育成、そして地域のジェンダー規範を揺らがせる機会をいくつか重ねていくことが、女性を政策決定の場に送り込むために必要なのだ。

6 政治の信頼回復をめざして

●「政治は日常のもの」

1 女性の政治参加と政治のゆがみ

本書では女性が政治に参加するさまざまな過程を考察してきた。そこで見えてきたのは、日本の政治のゆがみである。そのゆがみとは、日本の民主主義はわずかな一部の人の参加によって運営されている、ということである。そして、このゆがみは女性の政治参加に焦点をあてること、いわば女性を定点観測することによって見えてきた。

日本の法律や制度は特段に性による差別を規定しているわけではないが、政治過程や政治的アウト・プットを観察すれば、政治からの女性排除は未だにさまざまなレベルで起きている。

本書では「女性」を観測の定点においたが、高齢者・障害者・エスニシティ・セクシャル・マイノリティなどさまざまな「政治的弱者」に定点をすえて観測していけば、そのゆがみは別の角度から見えてくるに違いない。

政治参加は「政治機構、政策決定者の選択、あるいは政策に対して何らかの影響を試みる市民による活動」(Conway, 2000) と定義されているが、実際の政策決定過程は、選挙を含めて、市民からの影響を極力受けないように努力している。なぜなら、市民の意見はバラバラで矛盾にとみ、その調整には手間がかかる。民主的な手続を行おうとすればするほど、政策決定過程は非効率的になるからだ。バラバラで矛盾した多くの意見を集約しその内容を明らかにして調整するのが政党であったり、議会であったりするのだが、どちらもその調整機能が弱まっている。

日本の政治は多くの場合、女性あるいは政治的弱者にあまり配慮することなく、政策が決定されてきた。それは、政策決定権を一定の範囲の人に（つまり、ほとんど男性だけに）限定することで、「ナアナア」といった馴れ合いの過程を経て、「まあまあ」といった適当な妥協点を仲間内で見出してきた。お互いが分かり合っているから、主に経済的な「価値の分配」のネットワークもスムースに作動するし、説明責任を逃れ、それなりの効率性をもって政治は運営されてきた。つまりは議論を重ねて、意見を調整する作業を省いてきたのである。

九〇年代後半から国際化、情報化が急速に進む中で、日本経済の停滞がおき、これまでの政治手法は通じなくなってきて、政治を信頼していた人たちの中にも政治不信が高まっている。政治への信頼が失われているということは、多くの人々が自分の人生にとって政治が大切であるという感覚をもっていないことである。そのような政治不信は投票率に現れており、もっともコストの安い、手間のかからない政治参加といわれる投票も今後の選挙では投票率が五〇％を割る可能性がある。そのような不信感は、とりわけ、本来は弱者ではない若い世代に急速に広がっていて、若者の投票率の低下に歯止めがかからなくなっている。

経済が衰退する中で労働市場は若者を締めだすが、消費意欲には火をつける。女性だけでなく、若者を非正規労働者にする傾向が急速に高まって、多くの若者は弱者に転落し社会全体に活気が失われている。政治には正義とか、平等とか、相互扶助という理念をもって市場を糾す役割があるはずだ。政治は、急速に変化している女性の生き方への支援も薄いが、本来弱者ではない若者への支援も弱い。

若い世代への政治の対応の薄さと女性への対応の悪さは、政治のゆがみを確実に物語っている。政治にとって、最初に取り組むべき責務は、人々に対する生命の安全を守ることで、生命を守るための暮らしの保障が第一である。そして、日々の暮らしに事欠くことなく、将来の安定が明確に展望できる制度を作るのが政治の基本的な役割である。

若い世代に属する人々と女性は、政治が基本的な役割を果そうとしていないことを知っている。政治に女性や若者、そして弱者へのまなざしを埋め込むためには、当事者による政治参加が必要なのだ。自立した当事者を「市民」とよびたい。自立していること、当事者として政治にかかわることが「市民」であれば、男性も女性も、年齢によるさまざまなハンディもないはずで、わざわざ「女性市民」とよぶ必要がなくなるはずだ。

2　女性なら誰でもいいのか

政治が女性への配慮を十分にもっていなかったり、女性への差別の解消に努力を惜しんでいることにはさまざまな課題があることは否定できない。もちろん、政治課題は女性への対応だけではなく、ほとんどすべての弱者への対応にある。政治における女性への対応を今までとは違ったものにしていくためには、まず、ジェンダーによる「見えない権力構造」の変革が求められる。そして政治がジェンダーによる「見えない権力構造」にとらわれない女性や弱者への対応ができるように仕向けていく目的をもって、女性がまず政治参加する必要がある。

特に政策決定の場に代表に選出される女性を増やすことは、日本の政治のゆがみを直すために非常に重要である。そう述べると、必ず「女性なら誰でもいいのか」という反論が起きるので、現在の私見を述べておきたい。

まず確認しておきたいのは、「女性なら誰でもいい」わけではない。これまで述べてきたように、女性も多様である。しかし、現在の政治の状況を変えていくためには当面「女性ならいい」といわざるを得ない。日本中の議会の女性比率が三〇％を超えた時には、「どのような女性がいいのか」改めて、議論が必要になってくる。

政治への不信が高まっている時代に、男性にも女性にも政治への関わり方が問われている中で、女性によって、そして政治によって何が可能になるのであろうか。

選挙のたびに「政治を変えよう」と訴える候補者が少なくない。その意図は、主権が国民にあることや現在の政治制度や基本である民主主義、たとえば代表を選ぶための選挙制度や、意見や表現の自由を保障するなどの制度を否定するものではない。「政治を変えよう」というのは、政策決定の場にいる人たちの構成を変え、彼らの決定する政策とその中身を変えていくというのが「政治を変える」の真意であろう。政治の中身を変えようということを、政治学の概念を使って考えてみたい。

政治学の「政治」の定義は「諸価値の権威的配分」というイーストンによるものが一般的に使われている（佐々木、一九九九）。

ここでいう「諸価値」とは何であろうか。政治学が想定する諸価値とは、権力、支配力、自由権の保障などをさす。経済的価値ももちろんはいっているし、福祉という弱者への再配分も「諸価値」にわずかながら組み込まれている。しかし、価値は歴史的に変化する。また、社会によって違う。また、ある社会においても単一的な価値が存在するのではなく、多様な「諸価値」が存在している。このような視点にたてば、政治学が政治を定義した「諸価値」の中身は一様でなく、かつ中身は時代や社会が変わってきたことで変わるものである。

しかし、政治学が政治を定義した言葉の「諸価値」には、女性の差別解消とか、子どもの人権などはイメージされているのであろうか。夫婦別姓を求める女性たちが、結婚によって自分の苗字を失うことは自己アイデンティティの否定であり、職業的にも不利が起きると主張する「価値」は政治が扱うと想定されてきた「諸価値」には入っているとは思えない。現代の「諸価値」の内容は非常に広範なものとなっている。「諸価値」の包摂する内容はすでに大きく変わっていて、これまで長い間、政治的に優位な立場を維持してきた人には見えにくい「諸価値」がたくさんある。女性は女性であることだけで劣位に置かれるという経験ももっており、その経験が一層多様化した「諸価値」の中身を作り上げている。

次に、政治の定義の後半部分「権威的配分」に目を移そう。「権威的」の意味は、国家による配分は決定とともに国民は拘束されるということ（佐々木前掲）とされている。もちろん、決定されたときには、その決定に国民は拘束される。しかし、「権威的配分」には、単に事後の拘束だけをさしているのであろうか。そこには、国家が権威的に配分するという意味があることは明白だろう。すなわち、政策の受手による政策への反論や批判は閉ざされがちであったり、少数者の声はしばしば無視されたり、時には強制力によって排除される。そのような状況の中で決定された政策を「受け取るだけ」になった多くの人々は、政治が「諸価値」を権威的に配分を行ったという。そして実際情報が行き渡るようになり、政策決定の過程がかなり明らかになり、「市民」の厳しいチェックが行われるようになったが、権威的な配分が行われる例は少なくない。

現代の政治においては権威的な方法だけでは「諸価値」の配分はできない。政党がその機能を十分に果たしているわけではないが、政党は「諸価値」の配分におおいに関わっている。とはいえ、これまで日本では政権交代がほとんど行われず、強い与党と弱い野党とのパワー・バランスは、政権党が「諸価値」の配分に関して圧倒的に強い立場を貫き、立場が違えば配分は極度に少なかった。しかし権威的に「諸価値」を配分しようとすれば、受け取れない側は政治的抵抗をする。政治的抵抗を少なくするために事前協議や政策の公開性を高めたりしながら、政策の受け手をパートナーとして協力体制を作ったり、NGOの協力を必要とするようになった。ある人にとっての「諸価値」と他の人々にとっての「諸価値」との対立を避ける手法がさまざまに繰りだされる。現代の政治では諸価値の配分をするときに「権威」を振り回すことはできなくなってきているのである。

今日では「諸価値の権威的配分」という政治学による政治の定義は、「諸価値」という部分も「権威的」という部分も「変える」ことが望まれ、すでに変わりつつある。定義が変わる前に実体が変わっているのだ。新しい価値を組み込んだ「諸価値」は、「公的領域」「市場」「私的領域」のどの領域に（誰に）、どの程度配分されるべきかを問い直すことから始まる。もちろん、その配分方法も変えていく必要があり、そのような変化こそ「政治を変える」ことである。もちろん、何を、誰に、どのように配分するかについては、さまざまな意見をもつ多くの人々の参加によって行われてなくてはならない。

日本の政治は非常に長い間「市場」への「諸価値」の配分を厚くしてきた。「市場」の労働者として位置づけられてきた男性の多くは、政治が権威的に行う市場への「諸価値」の配分から、個人への分け前を手にした。市場労働者として「標準」ではない女性は、当然のように配分がなかったり少なかったり、あるいは男性を通しての再配分を受け取ってきた。

「諸価値の配分」は直接「私的領域」には届けられなかった。なぜなら、「私的領域」は国家から自由であるべき領域とされてきて、政治は介入しないのがたてまえであった。しかし、ドメスティック・バイオレンス（以下、「DV」とする）に見るように「私的領域」における安全という「価値」は、政治の介入なしには解決できない。DVは圧倒的に女性が被害者になっているが、彼女たちの安全はこれまでの「諸価値」には想定されていなかったために、被害者への救済が遅れ、もっとも尊い価値である命が奪われたケースもある。

男性は人生のほとんどの部分を「私的領域」に足場を置かない。ケアワークを担う女性が一晩でいいからゆっくり眠りたいとか、親しい男性から暴力を受けないで一日を安全に過したいなど、「私的領域」において女性が求める「安全」という価値は見えにくい。したがって男性は、女性が求めるような価値の配分や確保・変更の方法にも対する意見やアイディアをあまりもっていない。一方、多くの女性は「私的領域」の責任者に規定されてきたから、「私的領域」が必要とする価値とその配分の方法や割合の変更に関する知識・経験と意見をもっている。彼女たちが政治に参加し、蓄えてきた知識・経験を政策決定過程の「新しい価値」として提示し、配分の割合や方法を「変える」ことは必要で、やらなければならない。だから、当面「女性ならいい」のだ。

もちろん前述したように、女性のすべてがそのような立場にいる訳ではないし、女性も一枚岩ではなく、女性の中での差異はある。しかし、未だに女性の多くは「私的領域」に位置づけられ、さまざまな差別の中で暮らしている。そして多くの女性が、新たな「価値」やその「価値」の配分方法の変更を求めている。「変更」を視野に入れれば、コストの高い政治活動への参加にも意欲がもてる。したがって、ジェンダーによる「見えない権力構造」が「変わる」まで、あるいは結果の平等の達成ができるまでは、「女性ならいい」のだ。

さらにいえば、政治学における政治の定義の見直しをジェンダーという概念を使って行う必要がある。定義の変更の手掛かりは政治の定義を「諸価値の権威的配分」とするのではなく、「自治」を盛り込むところにあり（高畠、一九九八）、本書で見てきたように女性たちは「女性市民」として政治は「日常のもの」であると主張し、「諸価値」の見直しと配分を自治的、自律的に行う方向を提示した。そして、実際、女性の政治参加が見られるところには、新しい「諸価値」が新しい配分方法によって人々に届けられるようになっている。

3　市民主権と政治参加

市民革命によって生まれた「市民」は男性、有産階級、有識者をさし、女性は含まれていないことを看破したのは、オランプ・ドゥ・グージュであった。二一世紀になった。今やごく一部の国を除いて女性の政治的権利は保障されている。しかし、投票のようにコストの低い政治参加は女性が男性を上回るものの、コストの高い選挙活動や被選挙権の行使は圧倒的に男性が女性を上回っている。もし、女性が立候補すれば当選率は高いといわれている（Carroll, 1994）。ところが、立候補をめざすための候補者予備軍に女性が少ないために、選出される女性も少なくなる。候補者予備軍の育成は、裾野の広い政治参加が「政治に関心を深める」（蒲島、一九八八）教育の場として有効である。選挙制度のように制度は性別に中立的に作られても、実際にはジェンダーによる「目に見えない権力構造」が幾重にも女性には不利な状況を作っていて、結果の平等に結びつかない。性別によって「天然に」差別されてきた女性の不利な立場を変えていくためには、制度の変更、実態の変更が必要である。制度の変更には政策決定の場に女性を増やすことが一番早い。そして実態の変更には、本書の事例に見てきたように、さまざまな女性による政治参加がその有効性を示している。

「政治参加はとくに代表制が形骸化したとき、それに活をいれる観念として語られることが多い」(池田、一九九九)。実は選挙権を「権利」か「義務」か、または「権利と義務の二元説」と三つの説が憲法界の議論として戦前からあり、「権利」説にまとまったのは、一九八〇年代以降のことである(辻村、二〇〇二)。選挙権が権利である限り、普通・平等選挙、自由選挙、任意投票制がその論理的帰結としての選挙制度であり、選挙権・被選挙権は憲法の論理からも保障されなければならない(辻村前掲)。

そのような理論的な発展にも関わらず、本書が見てきたように、ジェンダーによる「見えない権力構造」が、しばしば被選挙権を侵害している事実があちこちに存在している。あるいは、議員として選出された女性へのセクハラやいやがらせというような事実は、選挙権が「市民主権」の基本であるという憲法理論にたてば、権利の侵害にほかならない。権利の侵害はできるだけ早く回復されなければならない。弱者への配慮をもった政治の実現と、議会制民主主義の発展のためには、本書で明確にしてきたように女性がここまで切り拓いてきた政治参加を一層推進する必要がある。そこで目標とするのは、新たな「諸価値」、すなわちジェンダーによる「目に見えない権力」の変革を、非権威的に配分する政治を推し進めていくことである。

「市民」という主権者は、市民革命時代の「市民」ではない。同時に「女性市民」というようにその中味を規定する市民であってはならない。「市民」には多様な弱者が含まれていることが大前提である。多様な市民がそれぞれに「政治を日常のもの」と捉え、市民主権の行使として政治参加をすることが政治が信頼を取り戻す道筋であろう。本書で考察してきたように、女性たちはその道筋を自ら切りひらき、確かな足どりで歩み続けている。本書に示した女性たちの足どりは、多くの人々に未来への展望を開くための希望ととらえられよう。

注

第1章

1　ブルンチュリの『政治学』と以後の政治学への影響に関しては、大海、二〇〇四参照。

2　高校進学率は女性九六・五%、男性九五・二%。大学（四年制）への進学率は女性三三・八%、男性四七・〇%であるが、短期大学（本科）の進学率一四・七%を加えると女性の進学率は四八・五%となり、男性を上回る（資料はすべて平成一四年度のもの。平成一五年度『男女共同参画白書』参照）。

3　投票率は、衆議院選挙、（二〇〇三年一一月九日）、小選挙区五九・八六%、比例区五九・八一%、（二〇〇〇年六月二五日）、小選挙区六二・四九%、比例区四二・四五%、（一九九六年一〇月二〇日）、小選挙区五九・六五%、比例区五九・六二%。参議院選挙、（二〇〇一年七月二九日）、選挙区五六・四四%、比例五六・四二%、（一九九八年七月一二日）、選挙区五八・八四%、比例五八・八二%。統一地方選挙、（二〇〇三年四月七日）五二・六%。

4　二〇〇四年四月二七日衆議院構成労働委員会「年金制度改革関連三法案」、二〇〇四年一月三〇日衆議院イラク特別委員会、「イラク特措法」二〇〇三年一〇月三日衆議院本会議「テロ特措法改正案」、二〇〇三年六月六日

衆議院本会議「有事法改正法案」などの法案が強行採決された。

5　夫婦と未婚の子の世帯は三二・六%、単身者世帯は二四・一%。家族数は六〇年代には平均四人であったが、平成一三年度には二・七五人になっている（平成一四年度厚生労働省「国民生活基礎調査」参照）。

6　ここで、「女性政策」というのは、「一定の性別分業を暗黙の前提としたり、種々の政策が目標・手段においてジェンダーの偏りをもっていたり、女性の地位の固定化、引き下げを起こしているのを是正するための政策」（大沢、一九九六）をさす。

7　九〇年代に推進された（たとえば、二〇〇〇年施行のDV防止法など）「女性政策」は必ずしも女性の意見が十分反映されているわけではない。そのために女性からの評価は分かれるが、一定の進展はあったと見るべきであろう。

8　上條末夫は「総選挙における女性候補者の数量分析は、労多くして成果が少ないというのが、率直な感想である」と述べている（上條、一九九〇）。

9　七〇年代にフェミニズムは運動として、既存の学問が担い手としても対象としても女性不在であることを告発し、その理論化を担う女性学が誕生した。八〇年代後半になると、男女の関係性を問うところからジェンダーを分析視角とするジェンダー学へと発展した。

10　女性選挙資金団体の設立やバックアップスクールが各地で女性の立候補への資金的、技術的サポートをするようになった（大海、二〇〇三）。

11　八〇年代後半から主として行政を中心に「参加」より積極的な意味をもつ「参画」という用語が使われるようになっているが、本書では参加を主に使う。

第2章

1　「朝日新聞」昭和二一年二月一一日「焦点　追放と政党」。同紙昭和二一年四月二日「選挙戦を衝く　深刻な人物払底」など。「代議士の八三％は立候補の段階で淘汰された」（升味、一九八三）。

2　米山文子の出馬にあたって尾崎行雄の書いた推薦理由（青木、一九七五）。

3　この会談でマッカサーが「憲法改正」にふれたために、近衛は憲法改正に意欲をもち、行動をおこしたが、マッカサー及び日本政府の方針の変更があり、一二月の近衛の自害への直接的な引き金となる。

4　師範学校の女子生徒の数は明治七年には七四人であったが、明治三三年には二千人を越え、大正期に入ると八千人、昭和一五年には一万五千人なった。男性とは一万人以上の差があり、給料は正教員・準教員に係わらず男性より常に低い水準にあった（『教育学辞典』参照）。

5　衆議院二三回社会党、福田昌子、参議院九回自民党、川野辺静、参議院一〇回諸派、岩上妙子、参議院一一回共産党、沓脱タケ子、衆議院四二回社民党、阿部知子、民主党水島広子。

6　森山ヨネは文部省在外研究員としてコロンビア大学に留学、専攻は栄養学。加藤シヅエと新妻イトは学習院、横浜香蘭をそれぞれ卒業して、アメリカのビジネススクールで秘書の勉強をした。加藤は英語ができることで、GHQから重用された。新妻は一九四七年労働省が発足、婦人少年局長に山川菊栄がなったとき、婦人課長になっている。

7　沢田ひさと越原はるの二人は、資料、新聞等に学歴を記載していない。

8　小学校卒と明記しているのは藤原道子と本多花子。以後の小学校卒女性国会議員は浅沼稲次郎夫人の享子だけである。

9　アメリカ合衆国憲法の男女平等修正条項。一九二三年に初めて連邦議会に提出された。一九七二年可決されたが、各州の批准が三〇州まで進んだとき、保進勢力が阻止。一九八二年に時間切れで、修正はできなかった。

10 第九〇回帝国議会は、政府提出法案五五件、衆議院提出一件あった。憲法に次ぐ需要法案は農地改革法として一括される「自作農創設維持特別措置法案」、その他、「予算」「復興金融金庫法案」「労働関係調整法」等に加え、地方制度の改正（古屋、一九七九）などだが、これらの法案に対して女性は発言していない。

11 「週刊新潮」一九七一年四月九日号「美人も豪傑も……戦後八九人の婦人議員たち」の追跡調査では、分派主義者として党を除名された夫と別居、その後党から夫と行動をともにしたことで、彼女も除名された。

12 「毎日新聞」一九九二年五月二日より一九九二年八月一六日までの二〇回の編集委員・岩見隆夫のインタビュー「新編戦後政治　女性たちが語る　松谷天光光」。

13 山形二区、銀行マン（帝国銀行　三井&第一の合併したもの）から転身、第二次吉田内閣で蔵相になった泉山三六が予算委員会に酩酊して現れ、山下にキスをし「トラ大臣」といわれ、泉山が辞職した事件。山下は自分の落選はその事件のためではなく、地元福島のタバコ農家保護（彼女は葉タバコのアメリカからの輸入に強く反対）に対する圧力だと述べている（青木前掲、大石前掲）。

14 たとえば一九九四年一二月一〇日新進党の結党大会の来賓として祝辞を述べたり、一九九三年七月から始まった二〇回にわたる毎日新聞「新編戦後政治女性たちが語る」で彼女は編集委員大須賀瑞夫に、夫勘十没後、社会党を離党したいきさつ、社会党への不満などを述べている。

15 加藤シヅエは二〇〇二年一〇四歳で死去。

16 政治家人名事典で紹介されている、松尾のもう一冊の著書『かく観かく戦う』は国会図書館になく、彼女の考えなどを知ることができなかった。

第3章

1　東京都内で魚屋、野菜、加工水産物、味噌正油、肉の五種の食料品店に対し、(1)公定価格を守っているか、(2)目方は正確か、(3)品質はよいか、(4)自由販売品は他店より安いか、(5)誰に対しても公平で親切か、(6)衛生的か、という基準に対して、主婦が投票し、優良店を選び公表した。四七万人の主婦が参加し、八五七店舗に「主婦の店」マークが贈られた（勝部、一九六七参照）。

2　ここで、奥が「経済安定本部」と記していることは記憶ちがいなのか奥の政治性なのか、不明であるが、物価庁からの誘いであろう。当時「安本（あんぽん）と呼ばれた経済安定本部」はマクロ経済制政策を策定し、物価、国民的な啓発は物価庁の役割であった。当時「統制経済」の総括として、またヤミの摘発にニラミをきかせていた「安本は、なく子も黙る」と言われたほどの権力があった。『野火あかあかと』が書かれたのは奥九〇歳の時であるから、「物価安定推進本部」と「経済安定本部」とを記憶違いしているのかも知れない（奥、一九八八参照）。

3　財閥解体に伴う持株会社整理委員会、財産税や戦時保障打ち切りによって物納された株式、独禁法、過度経済力集中排除、再建整備関係策などによって政府日本銀行におさめられた株式は増えた（吉田、一九九五参照）。

4　主婦連は一九四九年夏から「主婦大学」を開催し、学習活動に取り組んだ。「主婦大学」の目的は「政府の審議会、専門委員会の委員」を養成することであった（奥、前掲）。

5　主婦連は「中小企業の各種の業者、映画、医師、歯科医師、美容などあらゆる商業団体から是非一緒に運動をしたいと申し込まれた」（主婦連合会、一九五二）が、労働組合とは対立し、企業側にたってスト終結に協力したと、非難をあびた。

6　このような審議会メンバーの選定過程は、「満場一致」を原則とする審議会のコンセンサスを可能にする。主婦連はそのための「かかえこみ」(篠田、一九八六)の例といえよう。

7　主婦連発行の『主婦連たより』の見出しを分析すると、初期には「ものをいう主婦」というアイデンティティが打ちだされていたが、一九五〇年代半ばからは「消費者」に収斂している。

8　この時女性の立候補者二一名中八名が当選。全国区は赤松ツネ(社)、河崎ナツ(社)、高良とみ(民)、木内キヤウ(民)、奥むめお(国協)、宮城タマヨ(無)、地方区深川タマエ(民)、平野成子(社)である。

9　一九四八年の労働組合の推定組織率は、男性五四・一%、女性四五・七%である(藤井、一九九五)。

10　この時期の地域婦人団体は、GHQの意向によって、府県別で地域密着型であった。全国組織になるのは、一九五二年である。

11　政治的技術とは、問題把握への高い意識と知識を含む政策立案能力に加え組織力、交渉術、パブリック・スピーチの技術、人心の掌握など政治的影響力を増大させるための能力をいう。システム・リテラシーは、「社会のシステムや構造を読み解く力」(藤枝、一九九八)から得た概念で、本稿では官僚組織や法体系の習熟、特に官僚組織へのアクセスを可能にする能力をいう。

12　既存の集団が圧力団体化するとき「既存集団丸がかえ」になる(石田、一九六一)。

13　一九五〇年のマーガリンの成分調査を始め六〇年のウソつき牛缶、六九年のうそつきジュースなど科学的な裏付けをもった問題提起がされた(主婦連、一九七八参照)。

14　資源動員論でまとめられる理論の中には、オルソンの議論をめぐって、参加者の連帯、共有感情などが「合理的選択」を容易にするとオバーショールが唱えた「連帯論モデル」、ファイアマン=ギャムソンの「主観的期待効用モデル」など議論は多岐にわたっている。

15　女性の人口は昭和二五年に四二三九万人で、働く女性の総数は二五二万五千人いた(総務庁、一九九七)。一九四九年婦人週間の調査で行事に参加した女性のうち「家計を全く助けていない人」は二一％に留まっている（藤井前掲）。

16 主婦連の活動は「主婦を家庭生活の担当者という局面に位置づけ、〈生産の局面を捨象した〉運動に限定した」（成田、一九九五）という批判もある。

第4章

1 調査期間一九九八年六月～一〇月まで。調査対象者、東京都内の区・市の現職議員で東京・生活者ネットワークのメンバー四八人内三四人。質問紙による調査および、聞き取り調査。調査項目など、詳細は大海、二〇〇〇。

2 生活クラブ生活協同組合の創立総会は一九六八年一〇月、理事長岩根（無報酬）、常務理事三名（二名有給）、七名の理事（無報酬、組合員）、設立賛同者一〇二六名。一二月五日に生協の認可を世田谷区から受けた（岩根、一九七八）。

3 この時の岩根の得票数は一、〇五九票で、二、〇〇〇票の当選ラインにはるか及ばなかった。さまざまに悪口をいわれ「正直なところ、内心は煮えくり返る」（岩根前掲）経験であった。

4 岩根志津子が二期で議員を降りた理由はあまり明確に記録されていない。第一には社会党の議員としての活動と市民運動体の生活クラブの活動を同時には行えず、調整に困難があった。また、生まれたばかりの長女を故郷にいる姉に預けて議員活動をすること余儀なくされたという家庭の事情、区議会の限界（たとえば、「まともな人材が議員の中にいない」（岩根前掲）などに加え、いわゆる「地元利益」や「ドブイタ」活動への反発など）があげられている。しかし、三期やれば区議として年金がつくことへのこだわりも垣間見られることから、必ずしも積極的に区議を降りたとはいえない。

5　市場に溢れる大量生産の速成醸造味噌（一週間）に対して、一年の仕込み期間をかけた味噌の供給をしている生産者は「天然醸造ものの味噌を、生協独特の予約注文制のおかげで、生産者たる私は全く不安なしに只、品質をよくすることに全力をあげて仕込めはいいのだから、こんなにありがたいことはありません」（岩根前掲）と述べている。

6　たとえば、鶏卵は市場に出回っているのとは違い、サイズ別にしたり、洗ったりしない。そのため産卵された翌日には班に配達できる。量は組合員同士で購入単位（ロット）を満たすよう調整し、何回でも利用できるトレーとケースで班にまとめて配達される。

7　生活クラブにはこの他に専従の職員がいて、専従理事（職員）、非常勤理事（組合員）、支部委員長層（組合員）、各種委員長層（組合員）、支部委員層（組合員）、一般組合員と階層化され、組合員と役職者では「活動への参加態度を区別」するべきで、役職者の中にも、積極的参加者と「役職だからしかたなくやる」という層に分化している（森、一九八八）。

8　生活クラブを基盤にした政治運動体として、全国に一一の組織がある。地方によって名称が異なったり（たとえば、神奈川県は神奈川ネットワーク運動）、ローテーションの時期が違うなど規則に多少の違いはあるが、基本的理念、目的などは共有している。

9　神奈川県議会議員宇津木朋子はローカル・パーティについて、「政治の在り方を変革するためには、政権を取ればよしとするのではなく、地方議会へ代理人［議員］を送り出す活動を通じて、地域から政治を変えることが実践的であると行動してきた。［地域を自治する］実態を作ることが代理人運動であり、ローカルパーティと名乗る由縁である」（社会運動研究センター、一九九二）という。

10　「活動」のもつ「多数性こそ全政治生活の最大の条件である」というハンナ・アーレントの研究が日本で出版

されたのは七〇年代に入ってからであった。阿部斉は『人間の条件』文庫版解説（日本語）に「アレント自身は、性差別の是正についてはとくに語っていない。しかし、第一にアレントのいう労働の原形は明らかに家事労働で、すべての労働は家事労働の変形であるから、社会的労働を区別する理由は存在しない。第二は、労働、仕事、活動の三つの次元において性差別が認められるが、特に著しいのは労働と活動の次元である。労働の次元での性差別は依然として大きいが、差別解消への努力は実り始めている。今日なお、著しい不平等が見られるのは、活動の次元であり、それは政治家として活動する女性が極めて少ないことに端的に現れている」（阿部、一九九四）とアーレントの議論の中に女性への視点を見出している。

11　生活クラブの創始者岩根邦雄は自分たちが始めた生活協同組合運動は「新しい社会運動」（岩根、一九九三）であるという。その意図は、六〇年安保が終わり労働運動が「春闘方式」に収斂されていく中で、「日常性に根ざし、しかし物事は本質的にとらえ、徹底的に考える。思想的にはラディカルに、しかし実践的には日常性に根ざした運動が要請されていた。それが私たちの前に出された課題だった。それに対して、生活クラブを作ることで応えようとした」（同前）というものである。社会運動を論じるには大きく分けて二つの流れがある。一つはヨーロッパのマルクス主義の運動に対抗する運動として発展した「新しい社会運動論」で、もう一つはアメリカで発達したプラグマティックな理論で、集合行動論、資源動員論を中心にしたものであるが、その理論的流れはいくつにも分岐している。新しい社会運動論もいくつかの流れに分かれているが、マルクス主義に根ざしていること、資本主義のあり方を問うところは共通している（『思想』No.七三七、一九八五、一一月号、岩波書店参照）。「女性解放運動」は新しい社会運動の事例として取り上げられているが、「主婦」の政治活動という運動にはまったくふられていない。

12　山嵜は「彼女たちは、経済的にも社会的にも、自分が一個の市民として他者と対等な関係で向かい合うための公共的な場所そのものを喪失していた」という（山嵜、一九八八）。

13 「〈生活クラブ〉の発想を共感を持って迎え、後に生協結成の発起人や最初の組合員になってくれた人たちは、概して地域のなかでの〈よそもの〉が多かった」（岩根、一九七八）。

14 生活クラブの最高決定期間である、総代会（一九七六年）で「産地直送で農水産物を協同購入する行為は、生産者と消費する者との協同で、農漁業を本来の姿へ再建することであり、それは土を生き返らせ、水を生き返らすことから始まります」という提案があった。その実践のために、地方議会に「代理人」が必要となり、議員を仲間から送りだすことが決定された。そこで戦略として、石けん利用を地域に広めるという日常の生活における体験に根ざした政策をかかげ、政治に参入した。

15 一九五〇年代に登場した合成洗剤（五三年ワンダフル、五六年ライポンF発売）は、六二～六三に使用量が石けんをしのいだ。一方、一九六二年の「ライポンF誤飲事件」や、健康被害が起き、合成洗剤に含まれる界面活性剤ABSの人体への危険性が問われるようになった。環境面においては、一九七七年五月に琵琶湖の富栄養化による赤潮の発生があり、主因として合成洗剤のリンが問題になり、合成洗剤の無リン化を中心にした琵琶湖条例が一九八〇年七月に制定された。生活クラブでは、無リン化と合成洗剤追放とは違うと主張した。とはいえ、琵琶湖条例は全国的な石けん運動の追い風となった。

一九八〇年一〇月から日本一汚染が進んでいるといわれる千葉県手賀沼周辺の柏市、我孫子市、流山市、沼南町で、合成洗剤追放の直接請求運動が広がった。ネットのメンバーは手賀沼の石けん工場設立には、資金を送ったり、他の地域の運動の方法を参考にしながら、自分たちの住む地域に石けん運動を広げた。

16 「調和論」とは、一九六七年に制定された公害対策基本法が「産業の発展と生活環境の調和を計る」という経済界との妥協の産物であったことからいわれる、産業の発展と公害の規制に対する政府の姿勢をいう。

17　東京・生活者ネットワークは東京全体の統括と都議の選挙、議会活動と日常の活動を担当する。地域・生活者ネットワークとは、都内の区、市にある組織で、区議・市議の選挙、日常活動などを担う。

18　ここでは、出資、経営、労働を自分たちが管理するという意味で「自主管理」という。ワーカーズ・コレクティブの目的は、①未来ある女性の労働を求めて、②地域に必要な事業を、③私の街で私たちのための労働を、④一人ひとりが事業主、⑤生活クラブからの自立した組織と事業、⑥労働成果の分配、⑦社会的認知の獲得を目指す。そして「生活クラブは〈消費行為の中の自治〉を目指すが、ワーカーズ運動の視点は〈労働の中に自治はあるのか〉で、自ら考え、自ら行動し、主体的に事業に関わる働き方」で、問題意識の根本には「男社会〈産業社会の労働〉への対案（オルタナティブ）」を実現しようと、一五〇人で出発した（東京ワーカーズ・コレクティブ協同組合、一九九五）。

第5章

1　多くの自治体では、頭に自治体名をつけ「女性議会」とよび、「模擬」は入っていない。

2　藤沢町の場合、一九九一年から地域の代表として千葉ミツ子（一九九九年まで）が町会議員に選出されている。そして千葉ミツ子の引退にともなって、千葉とき子、畠山洋子の二人が議席を獲得している（二人は現在二期目）。三人とも女性議会とは縁が深い。

3　以下、氏名は敬称を略す。

4　千葉ミツ子は「老後のために貯めてきたお金を使いました」と述べている（二〇〇三年一一月二二日、藤沢町黄海公民館におけるインタビュー）。

引用・参照文献（アルファベット順）

青木やよい 一九七五「焼跡闇市のジャンヌ・ダルクたち」『潮』5月号。
阿部康二 一九九五「証券民主化運動」有沢広巳監修『日本証券史』日本経済新聞社、四〇—四四ページ。
阿部斉 一九九四「文庫版解説」ハンナ・アレント（志水速雄訳）『人間の条件』ちくま学芸文庫、五四一—五四九ページ。
天野正子 一九九七『フェミニズムのイズムを超えて』岩波書店。
アレント・ハンナ（志水速雄訳）一九九四『人間の条件』ちくま学芸文庫。
Beckwith, Karen 1986 *American Women and Political Participation—The Impacts of Work, Generation and Feminism*, Greenwood Press.
ブルンチュリ（中根重一訳）一八八二『政治学』近藤幸正。
バーリー・アドルフ&ミーンズ・ガーディナー（北島忠男訳）一九五八『近代株式会社と私有財産』文雅堂。
Carroll, J. Susan 1994 *Woman as Candidates in American Politics*, Second Edition, Indiana University Press.
Carroll, J. Susan and Zerilli, M. G. 1993 "Feminist Challenges to Political Science", in Ada W. Finifter ed., *Political*

Science : The State of the Discipline II, Political Science Association, pp.56–76.
コンネル・ロバート・W（森重雄、菊池栄治、加藤隆雄、越智康詞訳）一九九三『ジェンダーと権力　セクシュアリティの社会学』三交社。
Conway, M. Margaret 2000 *Political Participation in the United States*, Congressional Quarterly.
ダール・ロバート・A　一九九九（高畠通敏訳）『現代政治分析』（岩波テキストブックス）岩波書店。
Darcy, R. Welch & Susan, Clark 1994 *Women, Elections, & Representation*, University of Nebraska Press.
江原由美子　一九八五「からかいの政治学」『女性解放という思想』勁草書房。
エルシュタイン・ジーン・B（桜井厚訳）一九八七「方法論上の洗練と概念の混乱——主流政治学を批判する——」シャーマン・J、E・ペック編（田中和子編訳）『性のプリズム　解放された知を求めて』勁草書房、二七一—三〇九ページ。
江藤淳責任編集　一九八二『占領史録第3巻　憲法制定過程』講談社。
ファー・スーザン・J（賀谷恵美子訳）一九八九『日本の女性活動家』勁草書房。
———　一九九二（横田啓子訳）「女性参政権と男女平等を規定した新憲法の制定過程」日米女性情報センター『日米女性ジャーナル』12、三—二一ページ。
Ferraro, Geraldine 1993 *Changing History Woman, Power, and Politics*, Moyor Bell, Wakefield, Rhode Island & London.
藤枝澪子　一九八八「行政動かす力養おう」『日本農業新聞』四月六日。
藤井忠俊　一九八五『国防婦人会』岩波新書。
藤井治枝　一九九五『日本型企業社会と女性労働』ミネルヴァ書房。

藤原道子　一九七二『ひとすじの道に生きる』集団形星。
フリーマン・ジョー（牟田和恵訳）一九八九「フェミニズムの組織問題」塩原勉編『資源動員と組織戦略』新曜社、一四七―一七八ページ。
フルーグフェルダー・G　一九八六『政治と台所　秋田県女子参政権運動』ドメス出版。
古屋哲夫　一九七九『第90回帝国議会衆議院解説』社会問題叢書、東洋文化社。
市川房枝記念会　一九九四『全国版女性団体名簿』。
――　二〇〇二『ドキュメント　地方政治　市川房枝政治参画センターで学ぶ　47人の挑戦』。
池田政章　一九九九『憲法社会体系Ⅲ　制度・運動・文化』信山社。
イノウエ・キョウコ（古関彰一監訳・五十嵐雅子訳）一九九四『マッカーサーの日本国憲法』桐原書店。
井上清　一九六二『現代日本女性史』三一書房。
石川真澄　一九七八『戦後政治構造史』日本評論社。
――　一九八四『データ　戦後政治史』岩波新書。
石田雄　一九六一『現代組織論』岩波書店。
伊藤修一郎　一九九九「自治体の政策決定要因――情報公開条例波及の視点から」日本行政学会『年報行政研究』34、一二二―一四四ページ。
岩本美砂子　二〇〇一「一九九九年統一地方選挙における女性の躍進――無党派を中心に――」立命館大学『政策科学』八巻三（一二月）、二一―三八ページ。
『思想』No.七三七、一九八五、一一月号、岩波書店。
岩根邦雄　一九七八『生活クラブとともに　岩根邦雄半生譜』生活クラブ生活協同組合。

―――― 一九九三『新しい社会運動の四半世紀』協同図書サービス。
戒能民江 二〇〇二『ドメスティック・バイオレンス』不磨書房。
蒲島郁夫 一九八八『政治参加』東京大学出版会。
上條末夫 一九九〇「衆議院総選挙における女性候補者」駒沢大学『法学研究紀要』四八、五七―一〇四ページ。
金井淑子 一九九二『フェミニズム問題の転換』勁草書房。
金森トシエ 一九六〇『人物婦人運動史』労働教育センター。
片桐新自 一九九五『社会運動の中範囲理論』東京大学出版会。
勝部三枝子 一九六七「わが国の消費者運動の歩み(2)」公正取引協会『公正取引』2、二四―二七ページ。
神田道子、木村敬子、野口眞代編著 一九九二『新・現代女性の意識と生活』日本放送協会出版会。
加藤シヅエ 一九八一『ある女性政治家の半生』ＰＨＰ研究所。
君塚宏 一九七九「わが国における消費者運動の歴史」『国民生活研究』3、四九―五八ページ。
木本喜美子 一九九五『家族・ジェンダー・企業社会――ジェンダーアプローチの模索――』ミネルヴァ書房。
Klein, Ehtel 1984 *Gender Politics : From Consciousness to Mass Politics*, Harvard University Press.
国民生活センター調査研究部 一九九四「戦後消費者運動史」『国民生活研究』34-2、三八―五五ページ。
国広陽子 一九九五「地域における〈主婦〉の政治的主体化――代理人運動参加者のアイデンティティの分析から
――」『地域社会学会年報』7、一二一―一四八ページ。
古関彰一 一九八七『新憲法の誕生』中公叢書、中央公論社。
児玉勝子 一九八五『覚え書き・戦後の市川房枝』新宿書房。
『教育学辞典』一九八三 岩波書店、第二巻（復刻版）。

マッカーサー・D（津島一夫訳）一九六四『マッカーサー回想記』朝日新聞社。
マッカーシー・ジョン、ゾールド・メイヤー（片桐新自訳）一九八九「社会運動の合理的理論」塩原勉編『資源動員と組織戦略』新曜社、二一―五八ページ。
毎日新聞政治部 一九九〇『国会百年』毎日新聞社。
マンチェスター・W（鈴木主税・高山圭訳）一九八五『ダグラス・マッカーサー』河出書房新社。
正村公宏 一九八五『戦後史 上』筑摩書房。
升味準之輔 一九八三『戦後政治一九四五―一九五五 上』東京大学出版会。
―― 一九八八『日本政治史4占領改革、自民党支配』東京大学出版会。
ミース・マリア（奥田暁子訳）一九九七『国際分業と女性――進行する主婦化――』日本経済評論社。
三宅一郎 一九八九『投票行動』現代政治学叢書、東京大学出版会。
森元孝 一九八八「おおぜいの私の組織論――生活クラブ生協における支部委員層の再生産を中心に――」佐藤慶幸編『女性たちの生活ネットワーク』文眞堂、三四六―三八六ページ。
もろさわようこ 一九八四『おんなの戦後史』未来社。
村松岐夫、伊藤光利、辻中豊 一九八六『戦後日本の圧力団体』東洋経済新報社。
永井陽之助 一九六〇「圧力団体の日本的構造」日本政治学会編『年報政治学』岩波書店、九―二九ページ。
永木広次、大塚宗元 一九七四『マッチ産業発達史』マッチ百年史編集委員会。
中道実 一九八〇「婦人議員・タレント議員」中久郎編『国会議員の構成と変化』政治広報センター。
中村隆英 一九九三『昭和史Ⅱ』東洋経済新報社。
成田龍一 一九九五「母の国の女たち」山之内靖、ヴィクター・コシュマン、成田龍一編『総力戦と現代化』柏書房、一六三―一八四ページ。
成富正信 一九八八「消費における〈主体性・能動性〉の発見史――生活クラブ生協の初期運動史の考察――」佐藤慶幸編『女性たちの生活ネットワーク』文眞堂、一六〇―二一三ページ。
大海篤子 二〇〇〇『地方議会における女性議員の〈形成〉と意識の変容――生活者ネットワークの代理人の事例より』お茶の水女子大学提出学位請求論文。
―――― 二〇〇三「地方議会議員選挙における女性の役割」日本選挙学会『選挙学会紀要』1、慶応大学出版会、二一―三六ページ。
―――― 二〇〇四「政治学とジェンダー――国家学から「知の組み換え」をめざして――」国際ジェンダー学会、Vol 2、七一―九五ページ。
大石ヨシエ 一九五六『あほかいな』鱒書房。
奥むめお 一九四八「楽しい闘い 主婦の会運動」主婦連合会『主婦連たより』1、不二出版（復刻版）一九九二。
―――― 一九八八『野火あかあかと』ドメス出版。
Olsen, Francis E. 1893 The Family and the Market : A Study of Ideology and Legal Reform, in *Harvard Law Review vol. 96–7*, pp.1497–1578.
オルソン・マンサー（依田博・森脇俊雅訳）一九八三『集合行為論：公共財と集団理論』ミネルヴァ書房。
大森彌 二〇〇二『新版 分権改革と地方議会』ぎょうせい。
大沢真理 一九九六「女性政策とはなにか」原ひろ子、大野瑞枝、大沢真理編『アジア・太平洋地域の女性政策と女性学』新曜社、一〇―一七ページ。
大沢真理編 二〇〇〇『21世紀の女性政策と男女共同参画社会基本法』ぎょうせい。

大津浩　一九九二「主婦議員が地方政治を変える――女〈代理人運動〉と〈生活者政治〉――」金井淑子他『女性学という異文化体験――ウーマン・カレッジ in 新潟三区――』明石書店、一七九―二〇八ページ。
小沢遼子　一九八四「婦人議員」朝日ジャーナル編『女の戦後史Ⅰ　昭和20年代』朝日選書二四九、朝日新聞社。
歴史評論編集部　一九七九『近代日本女性史への証言』ドメス出版。
佐々木毅　一九九九『政治学講義』東京大学出版会。
笹倉尚子、中嶋里美、菅原和子　一九九〇『女が政治を変える』新泉社。
山陽子　一九五五「ライバル物語　山下春江と近藤鶴代」『国会』（昭和30年7月号）。
佐藤誠三郎、松崎哲久　一九八六『自民党政権』中央公論社。
瀬地山角　一九九六『東アジアの家父長制――ジェンダーの比較社会学――』勁草書房。
社会運動研究センター　一九九二「特集：代理人運動全国シンポジウム」『社会運動』152、二―五五ページ。
――　一九九六「座談会　ジェンダーと生活クラブ」『社会運動』196、二―五二ページ。
芝実生子　一九八六「専業主婦・変身ヘンシーン」社会主義理論フォーラム他『挑戦するフェミニズム』社会評論社、三五―四五ページ。
嶋津暉之　一九九一『水問題原論』北斗出版。
篠田徹　一九八六「〈審議会〉男女雇用機会均等法をめぐる意思決定」中野実編著『日本型政策決定の変容』東洋経済新報社、七九―一一〇ページ。
シロタ・ベアテ・ゴードン（平岡磨紀子構成、文）一九九五『一九四五年のクリスマス：日本国憲法に「男女平等」を書いた女性の自伝』柏書房。
主婦連合会　一九四八a『主婦連たより』1、不二出版（復刻版）一九九二。

――一九四八b『主婦連たより』2、不二出版（復刻版）一九九二。

――一九四九a『主婦連たより』5、不二出版（復刻版）一九九二。

――一九四九b『主婦連たより』6、不二出版（復刻版）一九九二。

――一九五二『主婦連たより』47、不二出版（復刻版）一九九二。

――一九五七『主婦連たより』101、不二出版（復刻版）一九九二。

――一九六一『第3回、消費者ゼミナール　資料』。

――一九六三『歩み、主婦連十五周年記念』。

――一九七八『主婦連と私』。

――一九七三『歩み　主婦連二五周年記念』。

杣正夫　一九八六『日本選挙制度史』九州大学出版会。

末包房子　一九九四『専業主婦が消える』同友館。

菅原和子　一九九二「戦後〈婦人議員クラブ〉の結成と解体をめぐって　第一期女性議員の軌跡」『中央大学大学院研究年報』21。

鈴木裕子　一九八六『フェミニズムと戦争』マルジュ社。

舘かおる　一九九八「ジェンダー概念の検討」お茶の水女子大学ジェンダー研究センター年報『ジェンダー研究』1（通巻18号）、八一―九六ページ。

高畠通敏　一九九八『政治学への道案内（増補・新版）』三一書房。

高橋睦子、田邊和佳子　二〇〇三「ジェンダー・バイアスの多層性と近代の屈折――島根の場合――」国立女性教育会館編集・発行『国立女性教育会館研究紀要』7、四五―五六ページ。

高沢淳夫 一九八〇「継続性と安定性 衆議院議員の場合」中久郎編『国会議員の構成と変化』政治広報センター。
竹内茂代 一九六一『八十路の歩み』女性問題研究所。
―― 一九六六『吉岡弥生先生と私』金剛出版。
田中寿美子 一九八六『パラシュートと母系制：回想の我が戦後史』ドメス出版。
谷原修身 一九九〇「消費生活と競争秩序」宮坂富之助、谷原修身、内田耕作、鈴木深雪『消費生活と法』三省堂、七三―一四六ページ。
谷村裕 一九九五「取引所の再開」有沢広巳監修『日本証券史』日本経済新聞社、四五―四九ページ。
東京・生活者ネットワーク 一九九八『市民の力だ ネットワーク――〃代理人運動20周年〃――』。
東京ワーカーズ・コレクティブ協同組合 一九九五『はたらきかたつくろうよ』。
辻村みよ子 二〇〇二『市民主権の可能性 21世紀の憲法・デモクラシー・ジェンダー』有信堂高文社。
辻村みよ子・金城清子 一九九二『女性の権利の歴史』岩波書店。
上野千鶴子編 一九八二『主婦論争を読む（Ⅰ―Ⅱ）』勁草書房。
上野千鶴子 一九九四『近代家族の成立と終焉』岩波書店。
―― 二〇〇一『ラディカルに語れば――上野千鶴子対談集』平凡社。
ヴァーバ・S・ナイ、N・H・キム・J 一九八一（三宅一郎、蒲島郁夫、小田健訳）『政治参加と平等――比較政治学的分析――』東京大学出版会。
渡辺浩 二〇〇三「序論――なぜ〈性〉か。なぜ今か。」日本政治学会『年報政治学：「性」と政治』岩波書店、三―一三ページ。
渡邊登 一九八七「運動参加メカニズムの実証研究」『現代社会学』13-1、アカデミア出版、一二八―一五五ページ。
山嵜哲哉 一九八八「台所から世界が見える」佐藤慶幸編『女性たちの生活ネットワーク』文眞堂、二一四―三〇二ページ。
読売新聞 二〇〇一「大手小町 時代を切り開いた女性たち 中村紀伊さん〈1〉」 YOMIURI ON-LINE'http://www/yomiuri/co/jp/komachi/jidai/index.htm. 八月二一日。
吉田晴二 一九九五「証券取引法の制定」有沢広巳監修『日本証券史』日本経済新聞社、三六―四〇ページ。
吉沢夏子 一九九三『フェミニズムの困難』勁草書房。
油井大三郎 一九八九『未完の占領改革 アメリカ知識人と捨てられた日本民主化構想』東京大学出版会。

あとがき

一九八七年四月の統一地方選挙で、友人が生活者ネットワークの代理人として立候補、その手伝いで初めて選挙活動に参加した。選挙本部にはおおぜいの主婦仲間が集まり、熱気と「思い」と笑顔が充満していた。当選とともに興奮の日々が終わると、元気な仲間たちは、日ごろの生活と活動の場に戻っていった。間もなく初議会、初質問と代理人としての仕事が始まったが、代理人の回りから支える人がどんどん消えていった。この運動のすさまじいエネルギーに圧倒された私は呆然とするままに、代理人の傍らに残り彼女の日常活動を支える数少ない人間になっていた。

代理人といっしょに質問項目を考えたり、資料を集めたりするうちに「この素晴らしい運動に法律の知識や政治学の理論が必要だ」と、主婦の経験と知恵の限界を感じた。そこで、私は、一九八八年に立教大学社会人学生の入試を受け、翌年法学部の学生になった。

「活動・専業主婦、プラス学生」の私は池袋キャンパスで、第二の青春を楽しみ、多くの名物先生やゼミの指導教官に学問的刺激を受け、友人に恵まれ、学んだことがすぐに活動に役立つなど、充実した日々を過ごした。「こんなに楽しい日々をもう少し延ばそう」という魂胆で大学院に進学したが、そこは甘くなかった。修士論文のテーマに女性国会議員の変遷をたどったとき、ジェンダーに出会った。

その後、迷いに迷った末、お茶の水女子大学大学院後期課程・女性学講座で、女性と政治に関わる課題をもっと勉強しようと決意したのは、一九九五年春であった。

女性の議員比率が非常に低いことは、私が注目した九三年ころはまだほとんど語られることはなかったが、九五年九月、第四回世界女性会議（北京会議）において、一気に火がついた。

お茶の水女子大学では、素晴らしい先生方との出会い、学問的鍛錬、友人との切磋琢磨の日々であった。ジェンダーを勉強していくと、これまで自分が関わって、おおぜいの仲間と熱心に進めて来た代理人運動は「主婦の活動」と定義され、評価が低い。その反論をも込めて「生活者ネット」を学位論文に取り上げたいと申し出たが、「自分と自分の仲間の活動をどのように相対化できるか」がカギであるとご指摘を受けた。指導教官原ひろ子先生は忍耐強く、卓抜なご指導で論文完成に導いてくださった。そのご恩はいい尽くすことができない。二〇〇四年七月一一日の参議院選挙目前の七日、政治学の恩師、高畠通敏先生が急逝された。前年一一月の「古稀の会」ではお元気に「早く本を出しなさい」と激励してくださった。「はい、三月末までにまとめますから、読んでください」とお約束を交わした。私の怠慢から三月末には出来上がらず、先生の急逝の報に接し、慚愧の念にさいなまれた。

高畠先生に読んでいただけなかった原稿をかかえ呆然としていたとき、世織書房の伊藤晶宣さんから

「自分でしっかり読み直し、出版するべきだ。それが先生への恩返しだろ」と、やさしくも厳しい励ましをいただいた。

本書は一九九三年から二〇〇三年までに発表した論文の大幅書き直しによって成り立っている。読み直してみるとまだまだ、初学者で恥じ入るところも少なくないが、私なりに一筋に「女性市民」の存在を捜し求めてきたことは見えてくるだろうと、「政治は日常のもの」というメッセージを込めて、送りだそうと思う。

これまでご指導をいただいた先生方は、ここでお名前をあげることができないほど多く、学恩の深さにただ頭を下げるだけで、言葉もない。また、ここの収めた論文を書くために、インタビューに応じて下さった多くの女性に心からのお礼を申し上げたい。そして、古くからの友人、地域や活動をともにしてきた友人、学問の場で助け合い励まし、アドバイスを下さった友人、そのすべてがなければ、挫折したであろう。みなさまに心から本当に「ありがとう」といいたい。

表紙に使った三九人の女性代議士が吉田茂と一九四三年一一月三日、憲法発布の日に国会議事堂で撮影した貴重な写真は岩尾光代さんのご好意で使わせて頂いた。

最後に、私が活動・専業主婦、プラス研究者の卵になってキリキリと多忙な毎日を過ごすことができているのは、家族、とりわけ夫・宏の寛容と忍耐にある。心からの感謝を表したい。

二〇〇五年七月七日

著者

初出一覧

第1章　女性は「政治社会」の外から内へ（書下し）

第2章　女性は国会をめざした（原題「39人の第一期婦人代議士：民主改革の星たち」『日米女性ジャーナル』No. 20、日米女性センター、一九九六年、三一—五四ページ）

第3章　台所からの政治参加（原題「主婦の政治参加に関する一考察——主婦連合会の組織化過程——」『人間文化研究年報』第22号〈一九九八年度〉、お茶の女子大学人間文化研究科、一九九九年三月、一一六—一二四ページ）

第4章　生き方を変えた女性たちの議会進出（原題「地方議会における女性議員の〈形成〉と意識の変容——東京・生活者ネットワークの代理人の事例より——」二〇〇〇年三月、お茶の水女子大学提出学位請求論文）

第5章　女性0《ゼロ》議会をなくそう（原題「女性模擬議会という女性政策」日本政治学会『年報政治学「性」と政治』岩波書店、二〇〇三年一二月、一一三—一三七ページ）

第6章　政治の信頼回復をめざして（書下し）

人名索引

ア行

浅地芳子　167, 168
新井美沙子　154
安藤（はつ）　41, 45, 52
池田敦子　138
池田勇人（池田内閣、池田改造内閣）　53, 55, 57
石川豊　175
市川房枝（記念会）　36, 45, 46, 51, 55, 60, 83, 165
伊藤（修一郎）　161
犬養健　56
岩根邦雄　102, 104, 105, 107–109, 119, 121, 133
岩根志津子　104, 105
植原悦二郎内相　29
エセル・ウィード（Ethel Weed）　39, 46
大石ヨシエ　39, 41, 57, 58, 60
大橋（喜美）　49
奥栄一　83
奥（むめお）　74, 79, 83–91
オルソン・マンカー（Mancur Olson）　92

カ行

片山哲内閣　40, 53
加藤勘十　42
加藤シヅエ　32, 42, 46–48, 51, 57–60
柄沢とし子　45, 53
岸野牧夫　55
久々江とみ子　165–167
国広（陽子）　117
河野栄次　104, 133
紅露（みつ）　32, 42, 52, 55, 60
越原はる　44, 51
近衛文麿　32
近藤鶴代　39, 42, 45, 46, 55, 56

サ行

斉藤てい　46
坂井いち　90
榊原（千代）　50, 53
志賀義雄　29
幣原喜重郎首相（内閣）　27, 33
芝（実生子）　108
渋谷直蔵　56
清水鳩子　83
ジェセフ・ドッジ　80
白石智慧子　168–171
スーザン・ファー（Susan Pharr）　47, 48, 130
杉田（馨子）　42

園田直　45

タ行
高倉テル　35
ダグラス・マッカーサー（Douglas MacArthur）　32–35, 46, 49, 62
竹内歌子　41, 42, 46, 58–60
竹内茂代　51
武田キヨ　83
田中寿美子　44, 46, 51
田中たつ　47
戸叶（里子）　48, 53
徳田球一　45

ナ行
中村紀伊　83
中山マサ　40, 55, 59
成島憲子　40
野坂参三　29
野村（ミス）　39, 51

ハ行
橋本龍伍　56
鳩山一郎内閣　55
春野鶴子　83
東久邇宮稔彦（内閣）　27
平塚らいてふ　83
福田昌子　40
藤原（道子、山崎）　42, 50, 57–59
ベアテ・シロタ（Beate Sirota）　47, 48
ホイットニー・コートニー（Courtney Whitney）　61, 62
星島二郎　56
堀実子　159
本多花子　41

マ行
松尾（トシ、敏子）　41, 46, 50, 57, 60
松谷（天光光）　42, 44, 53, 54
三木キヨコ　44
村田康博　176
最上（英子）　42, 53, 60
森山ヨネ　48, 51, 52

ヤ行
山口みつ子　165
山口（シヅエ）　42, 44, 57–59
山崎智恵子　168–171
山下ツ子　39, 50
山下春江　32, 55, 56
吉田茂　57, 62
米山久子　45
米山（文子）　42

ワ行
和崎ハル　31, 61, 62

事項索引

カ行
介護保険（制度） 19, 20, 98
ケアワーク 7, 9, 10, 14, 15, 19, 101, 185, 193
公的領域 14, 15, 101, 154, 193
候補（者、公認、婦人） 29, 31, 32, 34, 36, 39, 40, 55, 104, 115, 116, 136, 138, 166, 168, 170, 175, 186, 190, 195
国会（議員） 32, 33, 36, 40–45, 47, 49, 52–56, 58–61, 63, 64, 98, 102, 163, 164
雇用機会均等法 11, 19, 20

サ行
参政権（獲得、行使、運動、婦人、女性） 23, 27–30, 33, 49, 62, 69, 83
資源動員論 71, 81, 82, 87, 91, 93, 94
私的領域 14, 15, 69, 97, 101, 193, 194
市民（政治学、的、運動） i, ii, 22, 27, 33, 99, 103, 110, 114, 127, 128, 138, 139, 141, 150, 152, 159
衆議院選挙 5, 8, 24, 28–30, 39, 52, 63
消費（者、運動、生活） 67, 70, 72, 74–76, 78–80, 103–108, 131–134, 136, 150
女性議員（比率） 28, 30, 33, 36, 45, 46, 50, 55, 59, 61, 63, 185
女性候補者 28, 29, 35, 41, 185
女性国会 163, 164
女性国会議員（比率） 4, 28, 34, 48, 49, 54, 63, 64, 99
女性市民 i, ii, 21, 25, 26, 100, 141, 150, 152, 196
女性政策 20, 23, 145, 152, 153, 161, 175, 176, 186
女性地方議会議員（比率） 4, 98, 99, 111, 153, 163, 164
女性模擬議会（女性議会） 153
生活クラブ（生活協同組合） 102 初出
生活者・ネットワーク 100 初出
「生活の課題」 81, 84–90, 94, 95, 97, 101, 122, 126, 131, 135, 145,

政治学　3, 6, 21, 22, 25, 50, 67, 68, 95
政治活動　27, 29, 32, 36, 39, 48, 55, 58, 63, 67, 69–71, 74, 78, 80, 91, 95
政治参加　29, 33, 67, 69, 70, 80, 91, 93, 94, 97, 100, 130, 149, 150, 187, 188, 190, 195
政治社会（の外、の内）　3, 12, 13, 27, 28, 50, 64
専業主婦　9, 25, 97, 103, 104, 114, 117–121, 123, 131, 139, 141, 146, 147, 150, 151,
選挙権　27, 29, 35, 64
選挙制度　16, 17, 29, 31, 41, 62, 63, 100, 154
選択的夫婦別姓　12, 13

タ行
代理人（運動、候補者、契約、報酬）　105, 109, 113, 114, 118, 119, 126, 129, 130, 132–148, 151,
男女共同参画（白書、社会、基本法）　4, 10, 23, 155, 156, 159–163, 168–170, 174–176, 178
地方議会（議員）　6, 25, 98–101, 110, 112, 113,
地方自治体　79, 98, 99, 110, 116, 146–148, 156–158, 161, 185
統一地方選挙　5, 104, 109, 110, 154, 161, 170, 176

ハ行
被選挙権　27, 29, 35, 64, 112, 113

マ行
民主主義　5, 6, 11, 20, 25, 29, 30, 63, 81, 90, 187, 190, 196
無所属　38, 39, 42, 98–100, 166, 168, 169, 182

ラ行
利益（代表）　11, 72, 75, 82, 95, 104, 125, 151, 166, 169
立候補（者、届け出）　28–32, 35, 39, 41, 42, 51, 53–56, 84, 99, 104, 113, 136–138, 141, 142, 144, 154, 161, 164–170, 172, 174, 181, 195
連合軍総司令部（GHQ）　32–34, 42, 47, 59

〈著者紹介〉

大海篤子（おおがい・とくこ）

1989年、子育てを終えてから立教大学法学部に社会人学生として入学。

1995年、立教大学大学院政治学研究科修了。2000年、お茶の水女子大学大学院人間文化研究科修了（博士、社会科学。Ph. D. Political Science）。

2000年４月より、立教大学、放送大学、武蔵大学などで非常勤講師。

2004年秋、ブリガム・ヤング大学客員教授。

1979年より、生活クラブ、東京・生活者ネットワークの地域活動に参加している。

共著に「自分をひらき、世界をひらく――日本の女性の政治参加」（高畠通敏編『現代市民政治論』世識書房、2003年）、ほか論文多数。

ジェンダーと政治参加

2005年８月15日　第１刷発行©

著　者	大海篤子
発行者	伊藤晶宣
発行所	㈱世織書房
組版・印刷所	㈱シナノ
製本所	㈱シナノ

〒220-0042　神奈川県横浜市西区戸部町７丁目240番地　文教堂ビル
http://homepage3.nifty.com/seori/
電話045(317)3176　振替00250-2-18694

落丁本・乱丁本はお取替いたします　Printed in Japan
ISBN4-902163-17-9